日本教の聖者・西郷隆盛と天皇制社会主義

版籍奉還から満鮮経略への道

落合莞爾
Kanji Ochiai

落合秘史 6

SEIKO SHOBO

自序

平成二十四（二〇一二）年十一月二十八日公刊の第一巻『明治維新の極秘計画』から始まった「落合秘史シリーズ」も、これで六巻目になります。

第一巻を上梓した後、平成二十五年四月二十日に「秘史シリーズ」の特別篇として『南北朝こそ日本の機密』を発表したのは、明治維新を説明するためには、南北朝の考察がどうしても欠かせないことを覚ったからです。

ところが、戦後日本における歴史教育が南北朝をスッポリ抜かしているので、日本人でも戦前に学校教育を受けた八十代以上の人しか南北朝のことを知らないのです。拙著を手に取って、「なんや北朝鮮のこと書いた本やないんか！」と失望の辞を述べる人士を見て、私も落胆しました。

この理由は、戦後の歴史教育が反皇室主義を基調とする一方で、〝民衆が推し進めた歴史〟を講学の対象としたからです。つまり、「皇統の分裂」が南北朝対立となって時代を推し進めた歴史を人民史観では説明できず、よって講学の対象から排除したのではないかと思います。

昭和二十六（一九五一）年、満十歳の私には娯楽となく読書に耽溺しましたが、復員軍人の家庭は新刊書籍に接する機会に恵まれず、折から新発行の十円玉を手にする機会があれば必ず古本屋に往きました。店頭の戸板に並べられた十円均一の中から求めたのは、分厚いにもかかわらず割安感があった戦前の歴史書で、これにより皇国史観を知った私は、吉野朝（南北朝）時代にすこぶる興味を抱きました。

担任の吉田耕先生（のちの画伯稲垣伯堂）は、授業をそっちのけにして、いろんな歴史の話をして下さいましたが、ある日、「みんな、今日は何の話が聞きたいか？」と言われた際、すかさず「楠木正成の話を」とお願いしたところ、一瞬先生の顔が曇りました。当時の学校は、国家神道と表裏をなす皇国史観に裏打ちされた歴史教育を、ＧＨＱから禁じられていたからです。

しばしの沈黙の後、吉田先生は、「よっしゃ、話してあげよう」と仰って、楠木正成の話をして下さいました。

このときに確立した私の南北朝史観は、半世紀余を経た平成二十五（二〇一三）年三月二十二日に決定的に転覆しました。奇しくもこれを書いている日から二年前の同月同日のことです。

京都皇統代から伝わってきた南北朝秘史の概容は、拙著『南北朝こそ日本の機密』に書いたため省略しますが、その後、京都皇統から伝えられたのは、さらなる驚愕すべき史実です（ちなみに、永年にわたり秘史を教えて下さった京都皇統代は昨秋薨去され、今は次代の京都皇統の舎人から秘史を伝えられています）。

それは、大塔宮護良親王《おおとうのみやもりなが》の西大寺入り後に生まれた王子と、その子孫たる王孫が、東南アジアからマラッカ海峡を抜け、インド洋を経てホルムズ海峡で上陸し、トレビゾンド港（トルコ）から黒海を渡ってヴェネツィアに到着したことです。

その後、陸路を取り欧州を北上した経路はまだ詳《つまび》らかではありませんが、大塔宮子孫とこれを護った南朝武士たちがフランドル地方で現地のケルト族と混交し、経済力を蓄えて欧州貴族の籍に入り、現に幾つかの欧州王家と欧州貴族になっている、というのです。

まさに驚天動地の史実ですが、これを荒唐無稽と感じなかったのは、平成八（一九九六）年に吉薗明子氏から、漠然と、①ケルト族と日本人との同族関係、②日本皇室とベルギー王室の血縁関係などを聞いていたからです。当時は意味が解らないまま聞き流しましたが、吉薗明子氏の父吉薗周蔵と大徳寺の立花大亀和尚の関係を知っていたので、おそらくそのあたりからの情報と感じ、然るべき根拠があることを信じていました。

その後、「落合秘史」に先立って平成二十四年四月に発表した『金融ワンワールド』で、欧州王室連合について述べましたが、このときは欧州王室連合と皇室の関係を半分しか理解できていなかったのです。それに、周囲の人士は強弱の差こそあれ、ほとんどが自虐史観に立ち、「皇室欧州王室連合から脅かされている」との感覚ばかりでした。ところが、幕末維新史を解いていくうちに、驚くべきことがしだいに判ってきました。それは、「欧州王室連合のカシラが日本皇統」という驚くべき事実です。

近来、日本文化の高邁・深淵性と日本社会の高い道徳性が世界中に知れ渡り、全人類から讃嘆されています。日本について、いわゆる「戦後文化人」が宣伝教化してきた通有観念からすれば、「日本が世界から誉められる」などは極めて信じがたいことですが、よく考えてみれば、これを信じられぬような浅薄な頭脳と卑小な精神では、日本史の解明などできるはずもありません。

日本文化と日本社会の根底にはあるのは日本の國體《こくたい》です。國體とは、領土・人民・文化・宗教の相互関係で、これを一つにまとめる中核はいうまでもなく、日本皇室です。

日本の國體を支える社会的・経済的システムとして、私が信じるのは「天皇制社会主義」です。それは、それぞれの職能によって分業協同する国民の中心に皇室がいる共存社会で、吉田松陰が唱えた「一君万民の世」と同じものと考えますが、詳しくは本文をご覧ください。

「天皇制社会主義」の日本で、国民の精神生活の拠り所は「日本教」です。「日本教」とは、我々が現にここにいる直接原因である祖先（人）と、我々が現に存在し活動する場である地球の自然（地）と、その自然を生み悠遠の太古から育んできた宇宙（天）を、我々の生命の根源として崇拝する精神の謂いです。

「それならば何も日本に限らず、『人間教』といえば良いじゃないか」とのご意見が出されて当然です。それはもっともですが、周囲を見渡してみると、人間世界の現実は「日本教」とはほど遠く、特定の絶対神をすべての価値の根源とし、この考えに従わない者を異教徒（heathen）として排斥する一神教徒が人類の過半を占めています。しかも、最も純粋な一神教徒は、「絶対神を信じないことこそ最大の罪悪」と固く信じて疑わないのです。

ともかく、わが日本の國體は、社会経済体制面では「天皇制社会主義」に、また信仰・精神面では「日本教」に支えられているのです。

維新の表裏すべてを知っていた西郷隆盛は、維新がもたらす職能社会の変改に戸惑う薩摩農士たちに殉じるため、西南役で一命を投げ出しました。これにより日本教の聖人になった西郷の信念は天皇制社会主義にあったことを、紙数に限りがある本著が言い尽くせたかどうか、一抹の不安があります。

さて、平成二十七（二〇一五）年、いまや世界史は大きく旋回を始めました。産業革命以来、実に百八十年ぶりで、大航海時代、産業革命時代に次ぐ新しい時代が眼前に迫っています。新しい時代を人類社会にもたらしたものは、「波動革命」です。

平成二十七年三月十八日の未明に北海道で観測された赤いオーロラはその兆候です。このオーロラに私が直感したのは、飛躍するようですが、皇室と発明家ニコラ・テスラの関係です。

このオーロラを単なる自然現象としか観ない人士がほとんどですが、なかには、早くもこれを、ＨＡＡＲＰ《ハープ》すなわち「高周波活性オーロラ調査プログラム」が出現せしめた、と説く人たちがいます。ＨＡＡＲＰ（High Frequency Active Auroral Research Program）とは、ウィキペディアの定義では、「アメリカ合衆国で行われている高層大気と太陽地球系物理学、電波科学に関する共同研究」とされています。

元アメリカ合衆国ミネソタ州知事のジェシー・ヴェンチュラは元プロレスラーで、ＨＡＡＲＰに関する啓蒙家として知られますが、平成二十三（二〇一一）年三月の東日本大震災はＨＡＡＲＰにより引き起こされた、と主張しています。

ヴェンチュラの説に対してウィキペディアは、「電離層に対する電波照射と、地殻変動による地震を関連付ける論理は不明である。巨大地震が電離層に対して何らかの変化をもたらすことは知られているが、それらは大規模な地殻変動による圧電効果によって発生するパルスが間接的に電離層にもたらす影響と考えられており、電離層に対する人工的な電波照射が地震を引き起こしているとは到底考えられない」としています。

この解説は要するに、「電離層に電波を照射して地震を引き起こしているとは考えられない」というだけであって、前半の「巨大地震が電離層に影響を与えることは……パルスが間接的に電離層にもたらす影響」というのは、とってつけた蛇足で、論理上は無益かつ無効です。あたかも、「タバコの吸い殻が山火事の原因だ」との説を否定するのに、「山火事がタバコの棄て殻を燃やすことは知られているが、それは山火事の火が可燃物である吸い殻を燃焼させるのであって……」とかいうようなものです。

しかしながら、上空に向けて照射された電磁波が電離層で反射して地球に戻り、地殻深部にある水分子を振動させれば、電子レンジの原理で、温度が上昇するため地下水は膨張します。熱膨張による爆発力の凄さは、ギンナンを電子レンジで加熱してみれば容易に実感できます。その爆発力が活断層に作用すれば大地震が起きる原理は、素人《しろうと》でも理解できるのではないでしょうか。

同様に、電離層で反射した電磁波により海面水が振動して熱膨張すれば、当然、サイクロンやハリケーン、タイフーンが発生します。「地震・台風に限らず、大雪・旱魃その他の異常気象もＨＡＡＲＰによるものが多い」との見方を一概に否定する論説は、それこそ根拠がありません。

本当の問題は、「どこの誰が、いかなる目的で電磁波を電離層に向けて照射しているか」ということです。これについて、拙著『金融ワンワールド』では多少触れましたが、爾来三年を経て、その動きはいよいよ露わになってきました。

この異常気象や地震は、単なる地球物理学上の現象でなく、「波動科学」の発達により、文明史上の大転換が世界的に起こっていることを示しているのです。この文明大転換の基底にあるのはニコラ・テスラ（一八五六～一九四三）が大成した「波動科学」です。

ニコラ・テスラと在米大塔宮が深い関係にあったと推察する私は、現今に生じつつある文明大転換の行方を見通すのが、わが「秘史シリーズ」であるとの確信を、強く抱くに至りました。

拙著に対し、「荒唐無稽」とか「根拠薄弱」とか「思い込み」とかの妄評がブックレビューに散見されますが、本来その言葉を向けるべき相手は、眼前の〝異常気象〟と〝火山噴火〟と〝低周波地震〟の説明がつかず、立ちすくむだけの学者先生方ではないでしょうか。

HAARPによる電磁波操作技術の完成により、すでに核兵器は無効と帰していますから、この「落合秘史シリーズ」が終わるころには、HAARPによる発送電が実用化して人類の前に姿を現していると予測します。

歴史事項は各個が有機的に連関していますので、偽史の一部だけを真実に置き換えただけでは歴史全体が理解できません。偽史に覆われた歴史の最奥の真相を述べる拙著は、どなたの頭脳にも一読では入りきれない内容です。

よって、読者に対する私のお願いは、どの著でも、少なくとも三度は読み返していただきたいのです。そうすれば「ここはもう読んだよ、面倒くさいな」と言われるよりも、「ありゃ、こんなことまで書いてあったのか!」と驚かれる場合の方が、はるかに多いと考えています。

序文の終わりになりましたが、前著でお約束したように、本著はほんらい堀川御所の発足から日清戦役まで辿りつく予定でしたが、そこに行き着けなかったことをお詫びします。

理由は、お読みになればご理解いただけるはずで、いわゆる「西郷の征韓論と台湾征討」に関する従来の観念の誤謬《ごびゅう》を正しておくことが、今後「秘史シリーズ」を進める上において、避けられないからです。

しかも、台湾征討を明らかにすることは、欧州大塔宮の存在を立証することにもなるからです。

平成二十七年三月二十二日

春寒しばし料峭、紀三井寺の桜便りを待ちながら

成行庵主人　落合莞爾《おちあいかんじ》

目次

序章――日本の「國體《こくたい》」と「政体」の正体

第Ⅱ部 明治日本「満鮮経略」の序奏

第三章 「満鮮経略」の拠点と人材

第四章　西郷の「征韓論」とは何であったか

第五章　征韓論で覆い隠した「台湾征討」

第六章　史家が見誤る「明治六年政変」の真相

第七章　帝国陸軍誕生の裏事情

第八章――大西郷が仕組んだ八百長戦争

〔装幀〕――フロッグキングスタジオ
〔本文写真〕――ウィキメディアコモンズ

文中、敬称を略しましたことをお断りします。

序章

日本の「國體《こくたい》」と「政体」の正体

日本國體の本質とは何か

最近、巷間で「国体」という言葉が使用される例が目立つようになりました。

憲法学では、「国体」とは国家主権の在り方を定めたもので、たとえば君主政とか共和政を指し、これに対して「政体」とは国家主権の運用の仕方すなわち専制政治とか立憲政治を指します。

私の学生時代、憲法の教科書が戦前の学説を挙げたなかに、「国体と政体の両者は国家主権の〈体〉と〈用〉である」という説があったことを覚えています。〈体〉と〈用〉という言葉が私の頭にすっと入ったのに、その説を意味不明として嘲弄していた憲法教科書に違和感を抱いたことを、今も記憶しています。

平成二十四年秋から発表してきた「落合秘史シリーズ」は本書で六巻目になりますが、第一巻から「国体天皇」を中心に論じてきました。

国体の意味が人により異なるのは、ある意味では当然ですから、これからは百人百通りの国体論が出てくることを予感した私は、私の考える国体という意味で旧字体の「國體《こくたい》」を用いました。漢字の使用に関して行政筋から出版社に規制があるのか、成甲書房はこのため苦労されたようで、申し訳なく思っております。

元ウクライナ大使の馬渕睦夫氏が、先ほど公刊された『日本「国体」の真実』という著作で、国際社会共存のヒントは、①天皇と国民が一体である「和」と、②西洋の階級闘争史観ではなく分相《ぶんそう》応《おう》を説く「役割分担史観」、③一神教をも創り変える力を持つ「多神教」という日本の国体にあった、と主張されています。

この主張は私の唱える國體と共振し、「朋《とも》遠方より来たる有り」の感があります。ただし、「日本の国体（天皇）が国難解消の処方箋である」と提言される馬渕さんが、「天皇が国体を、政府が政体を総攬《そうらん》」と考えるのならば、現状はさておき、歴史的事実として私には異見があります。

つまり、「落合秘史シリーズ」は「日本には國體天皇と政体天皇が存在していた」ことを根幹にするものですから、その第六巻に当たる本稿は、とくに序章を置いて日本の「國體」について述べたいと思います。

「偽史」とは歴史の真実を隠蔽する所業

「堀川政略」の最大の山場は慶応三年十二月九日（西暦一八六八年一月三日）の王政復古の発布ですが、これを実現した根本的な力は、何といっても徳川慶喜の犠牲的精神と中山忠能《なかやまただやす》ら三卿の慎重かつ懇切な計らいです（堀川政略については既刊『明治維新の極秘計画』をご覧ください）。

いきなりこのように書き出すと、読者の中には、「何を言うか。土佐の坂本龍馬が提携させた薩長両藩が、岩倉・三条ら尊攘派公家の支援を得て実現したのが王政復古ではないか！」と憤慨される向きも少なくないでしょう。

その諸兄姉も、司馬遼太郎あたりが書き散らす幕末小説が、王政復古の真相であるわけがないことは薄々お分かりのはずです。それでもなお、人心が司馬史観を捨てきれないのは、王政復古の真相を合理的に説明した歴史解説が明治以来、いかなる専門史家によっても行われてこなかったからです。

「偽史」すなわち歴史の真相を隠蔽する営為は、人類社会の通例で、古今東西を通じて行われてきましたから、今さら怪しむ必要もありませんが、わが日本においては、その度合いが他の地域文明よりも格段に酷かったことを覚らねばなりません。

時の政体による歴史真相の隠蔽は、明治の薩長政府に始まるものではなく、遠くヤマト政権にまで遡ります。藤原北家《ほっけ》が政体を独占した平安時代は「偽史」の最盛期で、源平藤橘《げんぺいとうきつ》の四姓が共同謀議で家系を捏造しました。その後は武家政治となりますが、鎌倉幕府も室町幕府も江戸幕府も、寺院に設けた文芸工房が創った戦記文学によって幕府開基の事情を甚だしく歪曲し、これが識字階級を通じて一般世間に広まりました。

十四世紀前半の南北朝史の真相がとくに厳重に隠蔽されたのは、ことが皇室に関わるからです。たとえば、南北朝時代の軍事・政治的争乱を華麗な文章で物語る軍記『太平記』は、作者が不明とされていますが、実は石清水八幡の神宮寺善法寺の別当紀通清《きのみちきよ》の配下の文芸工房が創作したものです。

『太平記』のメインテーマの一つは、「建武の新政」の最中に繰り広げられる大塔宮護良親王《おおとうのみやもりなが》と足利尊氏の政争ですが、國體に関わる「大塔政略」を隠蔽する意図のもとに、真の史実とは正反対を記述しています。

今日では史学上の最重要史料と見なされる『太平記』を基にして、多くの史家が無意識のうちに偽史を展開していますが、そのことを明らかにした書物は、拙著『南北朝こそ日本の機密』が公刊された平成二十五年四月十一日までは、世に一冊も存在しなかったのです。

日本の歴史に点在する偽史一覧

偽史は何も南北朝時代だけではありません。

南北朝の争乱を起点として、日本史を逆に遡っていきますと……、

①後鳥羽上皇が政体武家の鎌倉幕府を倒すための軍を挙げた「承久《じょうきゅう》の変」（一二二一年）

②鳥羽上皇（國體）が武士を用いて政体摂家を潰した「保元平治《ほうげんへいじ》の乱」（一一五九年）と後白河上皇（國體）が藤原摂関家（政体）の荘園壊滅を謀《はか》った「治承寿永《じしょうじゅえい》の乱」（一一八〇〜八五年）

③摂関家の藤原時平が、國體護持のために土地改革を進めた菅原道真の土師《はじ》氏勢力を弾圧し、以後の摂関家の政体独占を明確にした「昌泰《しょうたい》の変」（九〇一年）

④藤原北家が他氏を排除して摂関家を確立した「承和《じょうわ》の変」（八四二年）と、それをダメ押しした「応天門《おうてんもん》の変」（八六六年）

⑤藤原北家が橘氏を倒した「橘奈良麿《ならまろ》の変」（七五七年）と、これに続いて藤原北家が藤原南家を滅ぼした「藤原仲麻呂《なかまろ》の乱」（七六四年）

などですが、これら重要な政治的事件は、政体に迎合する史家によって、その真相がことごとく歪曲・矮小化され、本質が隠蔽されてきました。

ところが、これだけではなく……、

⑥新たに渡来してきた百済貴人藤原氏が古渡りの百済貴人蘇我氏を打倒した「乙巳《いっし》の変」（六四五年）に端を発して古代最大の軍事抗争となった「壬申《じんしん》の乱」（六七二年）の真相は、ことが皇統の正体に関するため、國體の極秘事項として百済貴人の藤原不比等《ふひと》により念入りに隠蔽されています。

藤原不比等は藤原鎌足が、藤原氏の「日本人としての」家系を捏造するために、大陸から招聘した史《ふひと》（史家）で、エジプト流の偽史術＝家系捏造術を携えて来日したのです。不比等は日本史の淵源を遠く二、三世紀ころに遡らせ、

⑦第二代綏靖《すいぜい》天皇から始まる海人族王朝（欠史八代）の第九代開化天皇から皇位を譲られた騎馬系のミマキイリヒコ・イニエが崇神天皇となり、開化の嫡子彦坐王《ひこいますのおおきみ》の子孫が各地の国造《くにのみやつこ》（地方首長）となることで國體を支える地方自治が制度化します。

この際、第五代孝昭天皇の皇子アマのオシタラシ彦（天押帯彦）から始まる春日・和邇《わに》氏が崇神皇統の対婚部族（外戚族）になります。これは、皇室の根本条件たる「万世一系」の本旨が、単なるY遺伝子の直系継続だけではなく、対婚部族（外戚《がいせき》）が「欠史八代」の子孫であることを必要条件とし、これを満たすことで母系に海人系の遺伝子が継続することをも意味するのです。

つまり、男系が崇神の騎馬系Y遺伝子を保ち、外戚が海人王朝系であることをもって「万世一系」とするのです。

「欠史八代」は崇神王朝の後の各王朝でも外戚となり、ことに春日・和邇氏は応神王朝の后妃を独占し、第三十代敏達天皇と春日老女子《おみなご》との間に生まれた難波皇子の子孫県犬養三千代《あがたいぬかいみちよ》が橘姓を賜り、政略再婚した不比等の娘として皇室に送り込んだのが光明皇后です。

その一方で、三千代の娘で不比等の次男藤原房前《ふささき》の室となった牟漏女王《むろのおおきみ》から生まれた藤原真楯《またて》から始まる「半藤半橘」の藤原北家が、以後は皇室の外戚を独占します。

國體とは「領土・人民・文化・宗教・皇室」の相互関係

近頃よく聞くようになった「國體」という言葉の意味は、早くいえば国家の在り方です。国家の基本的構成要素が、「領土と人民と政体（統治機構）」にあることを争う人はさすがにいないでしょうが、右のうち、①領土、②人民、③文化、④宗教の四要素と、それらの中核をなす⑤皇室との相互関係を「國體」というのです。

「國體」に対する用語として「政体」と呼ばれるのは統治機構のことです。統治機構とは、国家と呼ばれる特定社会の統治権を掌握する政治機関のことで、広義には対内的な行政権と対外的な軍事権を併せて掌握しますが、これを両分して、前者を「統治権」、後者を「統帥権《とうすい》」とする観方があります。

わが国の歴史では、前方後円墳が始まる三世紀から七世紀末まで（すなわち律令制以前）を、ヤマト朝廷の時代といいますが、この時代に、オホキミ（大王）を補佐して統治機構を掌握していた職をオホオミ（大臣）と呼び、その初代が第十三代成務天皇の御宇の武内宿禰《たけしうちのすくね》です。

国家社会の治安を維持するために必須な警察機能・軍事機能のことを、政治学用語として「暴力装置」と呼び、これを統率する職として、行政トップのオホオミとは別に存在していたのがオホムラジ（大連）で、二十一代雄略天皇の御宇に大伴室屋《むろや》と物部目《め》が初めて任じます。

二人の大連は、その姓の意味する通り大伴氏（伴＝付き人）が兵員を担当し、物部氏（物＝武器）が兵器を担当したと説明されており、戦前の帝国陸軍を参謀総長と陸軍大臣が分掌したのと同じようなものです。

わが列島社会は、太古から、キミ（君）－オミ（臣）－タミ（民）が垂直に階層をなす構造をタテとし、各種の職能を保有するカバネが並列にならぶ構造をヨコとする格子構造を成してきました。

私は和傘が好きですが、それは桐油の匂いばかりでなく、傘を差すたびに日本社会に想いを致すからです。

和傘を開いて見上げると、真ん中に「頭《あたま》ロクロ」があり、そこから放射状に広がる「親骨《おやほね》」に

和傘の構造に似る日本社会

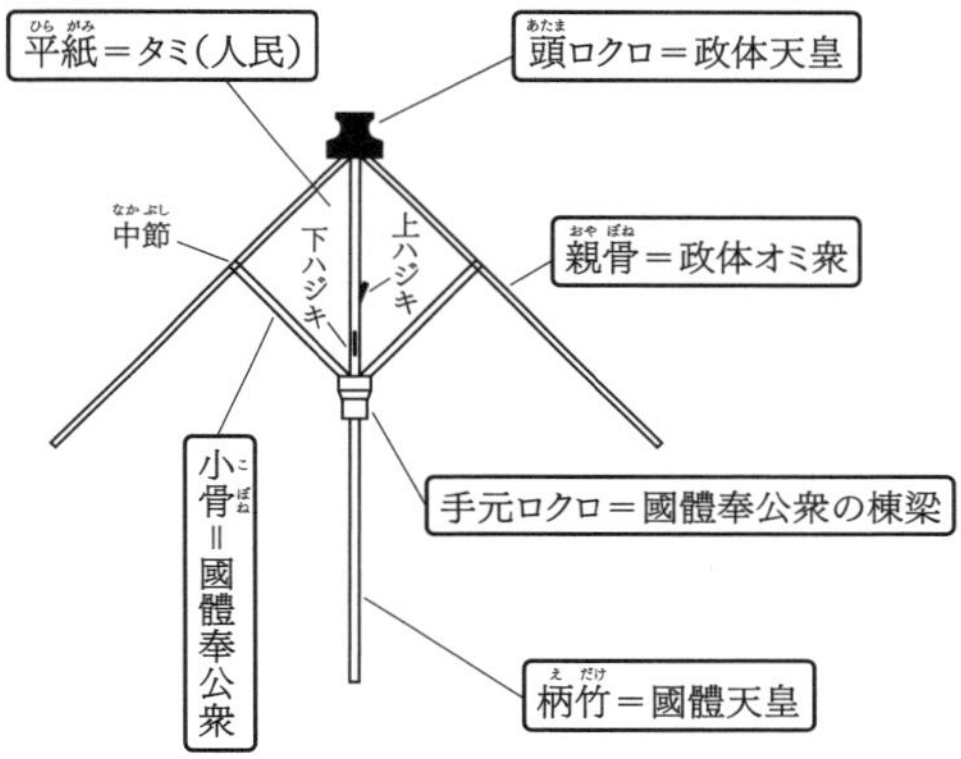

「平紙《ひらがみ》」が張られています。「親骨」の中ほどの「頭ロクロ」寄りに「中節《なかぶし》」があり、ここと「手元ロクロ」を「小骨」が繋いでいます。広がった「平紙」が日本社会で、「中節」の外側がタミ、内側がオミです。頭ロクロはもちろん天皇です。雨を防ぐ機能としてはここまでで充分で、これが日本の「政体」なのです。

ところが和傘の構造は立体的で、「頭ロクロ」から「平紙」に直交して下がる「柄竹《えだけ》」が「手元ロクロ」を貫いています。可動性の「手元ロクロ」を「柄竹」に添って上下すると、その動きが

「小骨」から「中節」を中継して「親骨」に伝わり、「頭ロクロ」を軸として「平紙」が開閉するのです。

要するに、雨水を遮断する和傘の機能は、「親骨」に張られた「平紙」の平面的な広がりで得られるのですが、そのためには「柄竹」をしっかり握って「手元ロクロ」を上下に操作せねばならず、結局「柄竹」と「手元ロクロ」と「小骨」の立体構造（体）が和傘の機能（用）を発揮させているのです。

この「柄竹」が國體天皇、「手元ロクロ」が國體奉公衆の棟梁で、その動きを「小骨」の國體奉公衆たちが「親骨」すなわち政体オミ衆に伝えるのです。「平紙」はむろんタミ（人民）です。

ついに判明した欧州王統宮の起源

「國體奉公衆」とは、國體天皇のもとで國體を護持することを根本意識とする数種のカバネの総称です。

具体的には勧修寺《かじゅうじ》衆が挙げられますが、これは鎌倉時代末期に大和国西大寺の真言律宗の首頭であった忍性《にんしょう》が作り上げた非農業民衆のネットワークで、全国千四百にも及ぶ極楽寺を結ぶものですが、詳しいことは既刊の拙著たとえば『南北朝こそ日本の機密』などをご覧ください。

建武元（一三三四）年の「建武の新政」で、大覚寺統と持明院統の秘密合意により、両統を強制的に合一するため、足利尊氏との不和を装った大覚寺統の大塔宮護良親王が、幽囚中の鎌倉で偽装薨去し、大和国西大寺に入って極楽寺衆のカシラとなります。一方、護良親王の王子益仁王が持明院統の光厳上皇の籍に入って興仁親王となり、北朝の崇光天皇となります。

西大寺に入った護良親王こそ國體天皇の淵源なのです。

二十八歳で西大寺に入った大塔宮護良親王から生まれた王子は、オモテの「皇統譜」に記載されず、海外に渡航しました。熊野水軍の建造した巨船「大安宅《おおあたけ》」に搭乗した南朝武士たちの武装商船隊を従えて、護良の弟の懐良《かねなが》親王が支配していた征西将軍府から海外に出航したのです。

私見は、シュリーヴィジャヤ王国（スマトラ島）の亡命王子パラメスワラと称してマラッカ王国を建国（一四〇二年）したとされるのは、実際には大塔宮護良親王の王子・王孫たちと考えますが、その少し後の琉球統一（一四二九年）も大塔宮子孫が関与したと考えます。マラッカ王室と琉球王室が親しかった理由は、そこに在るのかもしれません。

大塔宮護良親王の王子・王孫たちが、マラッカ王国を足場にして欧州に入る過程を、前著『欧州王家となった南朝皇統』では明確に述べることが出来なかったのは、そこまで調査が及ばなかったからです。本稿の執筆のための調査でかなり判ってきましたので、以下に述べます。

今回京都皇統舎人から教わったのは、大塔宮の王子・王孫（以下では「大塔宮子孫」とします）の渡欧ルートは、「マルコ・ポーロが元《げん》帝国から欧州に帰った道」ということです。

元帝国のペルシャ分国イル汗国《かんこく》（現在のイラン・イラク）のアルグン汗（?〜一二九一）の妃にクビライの娘コカチン姫が内定しますが、これを迎えに来た使節団が元帝国の内乱のために陸路帰国を断念して海路によることとなったので、クビライは南海航路に詳しいマルコ・ポーロらに道案内を命じます。

折から帰国の意志の強かったマルコ・ポーロはこれに飛びつきますが、クビライが娘コカチン姫の嫁入りのために用意した船隊の船員は二百五十名いたそうです。泉州（福建省）を出港してシンガポールに寄り、スマトラ島で五カ月の間「風待ち」をしたのち、マラッカ海峡を経てベンガル湾を横断してセイロン島へ向かい、インド亜大陸の西岸からアラビア海を通ってホルムズに着いたのは、一二九三年二月ころとされています。わが朝では鎌倉時代の初期です。

多数の船員が死んだなかで、マルコ・ポーロとコカチン姫はホルムズに無事上陸しますが、嫁ぎ先のアルグンはすでに死亡（一二九一年三月）していました。そこへクビライの崩御（一二九四年二月）が伝わったので、ポーロはヴェネツィアを目指して帰国の旅に就きます。以後は陸路を辿り、黒海の南岸の交易都市トレビゾンドへ到着し、そこからは船でコンスタンチノープルを通って一二九五年、ヴェネツィアに帰ったのです。

大塔宮子孫の入欧とヴェネツィアの黒い貴族

九州の征西将軍府を出た大塔宮子孫の船団は、台湾からシンガポールを回って到着したマラッカ海峡にしばらく滞在したと推定されます。

これが、少数の家臣と漂海民「オラン・ラウト」を率いて一四〇二年に城市国家マラッカ王国を建てた、シュリーヴィジャヤ王国の亡命王子パラメスワラと重なって見えますが、マラッカ王国の建国譚も分厚い伝説のベールに覆われているため、その真相は未詳です。

ともかく、船団の一部をマラッカに遺《のこ》した大塔宮子孫は、マルコ・ポーロの帰路と同じくインド洋を西に進み、セイロン島からインド亜大陸の海岸に沿って西に向かい、アラビア海を通ってホルムズに上陸し、チムール朝統治下のイラン領内を北上してトレビゾンド帝国に至ります。

トレビゾンドからは船で黒海を渡り、コンスタンチノープルを経てヴェネツィアに入ったのです(つい最近まで、私はクリミア半島からウクライナを経て欧州入りし、ベルギーに到着したと考え、その説を二三の雑誌に発表しましたが、これは誤りで、ウクライナに入ったのは欧州入りの後のことだそうです)。

折からペスト大流行(一三四七年から)の後で、しかもオスマントルコの侵入(ニコポリスの戦い＝一三九六年)により、無人のごときありさまの欧州に渡った大塔宮子孫は、ヴェネツィアに拠点を固めた後、スイスを経てフランドル地方(ベルギーから北フランスにかけての地方)に入り、日本から携えた西大寺の砂金を資本としてフランドル地方の羊毛産業に関わり巨富を蓄えた、と推察されます。

どうやら、この辺りでヴェネツィアの「黒い貴族」の正体が見えてきたようです。

「黒い貴族」については、政治的に対立するイエズス会の悪宣伝が行き届き、ことに太田龍などの自称民族主義者がこれに乗せられていましたが、本シリーズは今後の研究を重ねたうえで、後続巻で述べたいと思います。

大塔宮子孫はオランダ・ベルギー・ルクセンブルクを拠点とする欧州貴族となりましたが、大塔宮子孫に随従した多数の南朝武士も欧州の各地に根を張り、「海外南朝勢力」と呼ぶ勢力となりました。これは決して空想でなく、京都皇統代の周辺から、私はたしかに聞いております。

欧州へ入った大塔宮子孫たちの一部は、ベルギー在住のケルト系民族に混じってスコットランドやアイルランドに渡り、土着して勢力を広げ、また他の一部はオランダで「海の乞食」と呼ばれながら勢力を広げて富豪や下級貴族となります。

欧州に入った大塔宮子孫で王室の当主となった一族を本稿は「欧州大塔宮」と呼びますが、驚くべきことに、現在のオランダ王室の祖先のオラニエ＝ナッサウ家のヴィレムⅠ世（一五三三〜八四）が、これに該当すると聞いております。

●――オランダ・ベルギー・イギリス王室と大塔宮子孫の血縁

ドイツ西部のライン地方に発祥したナッサウ家の支流は幾つかに分かれます。

南部オランダのブレダ領主ヘンドリックⅢ世は、ブルゴーニュ侯から神聖ローマ帝国皇帝となったカールⅤ世によって、ホラントなどオランダの幾つかの州の総督に任じられます。その息子ルネ・ド・シャロン（一五一九〜四四）は、父から相続したブレダ領に併せて母方の叔父から南仏のオランジュ公領を相続しますが、一五四四年に後継跡継ぎのないまま戦死します。

ルネの遺言により、いとこのヴィレムが、オランダのブレダ領と南仏のオランジュ公領を相続してオラニエ公ヴィレムI世（一五三三〜八四）となり、その子孫がネーデルラント連合共和国（一五七九〜一七九四年）時代に歴代の総督となったオラニエ＝ナッサウ家で、すなわち現在のオランダ王室なのです。このヴィレムI世が欧州大塔宮の当主か一族というわけです。

ヘンドリックⅢ世の弟ナッサウ・ディレンブルグ伯ヴィルヘルムI世は、長男が右のオラニエ公ヴィレムI世となり、次男ヨハンⅥ世がナッサウ家伝来のライン右岸の伯爵領を相続します。

一八一五年のウィーン会議後の「ウィーン議定書」で成立したネーデルラント連合王国は、ヴィレムI世を共通の君主と仰ぐオランダ王国・ベルギー王国・ルクセンブルク大公国の同君連合ですが、住民の多くがカトリック教徒のベルギー王国は一八三〇年にネーデルラント連合王国からの独立革命を起こし、ドイツ貴族のザクセン・コーブルグ・ゴータ家から王子を迎えて国王レオポルドI世とします。ルクセンブルク大公国もベルギーの独立革命に乗じて同君連合から脱し、ナッサウ＝ヴァイルブルク家から大公を迎えました。

かくしてネーデルラント連合王国は同君連合を解消しましたが、後身の三国は今も一緒にされてベネルクス三国と呼ばれています。

ドイツ貴族ザクセン・コーブルグ・ゴータ家出身のレオポルドI世（一七九〇〜一八六五）を継いだ王子のレオポルドⅡ世（一八三五〜一九〇九）が継嗣のないまま崩御したため、その弟のフランドル伯フィリップの王子アルベールI世が後を継ぎます。その後はレオポルドⅢ世、ボードゥアンI世と嫡子が相続し、ボードゥワンの弟のアルベールⅡ世が現国王です。

平成八（一九九六）年に吉薗明子氏から「ベルギー王室が日本皇室と親戚」と聞いたとき、意味は解らなかったものの、出所はおそらく大徳寺の立花大亀和尚ですから無視するわけにはいきません。京都皇統から最近、さらに詳しく、「ベルギー王室は欧州大塔宮の子孫」と教えてくれました。どういう経緯でそうなったのか、詳細は聞いていませんが、鍵はレオポルドⅠ世よりもアルベールⅠ世にありそうな気がします。

レオポルドⅠ世の姉ヴィクトリアが生んだヴィクトリアはイギリス女王となり、いとこでザクセン・コーブルグ家の次男アルバートを夫君として現在の英王室の祖となります。

つまり、イギリス王室も実質はザクセン・コーブルグ・ゴータ家なのですが、ヴィクトリアには、前王朝ハノーヴァー家の血が二五六分の一しか入っていないそうですから、前王朝との血統的な関連は薄く、ベルギー王家との関係の方がはるかに深いのです。

ちなみにボードゥアン国王のファビオラ王妃は平成二十六年十二月に崩御され、親交があった美智子皇后陛下は、三日を掛けて実質は日帰りで葬儀に参列されました。ファビオラ王妃が日本皇室の親戚とはかねがね聞いていましたが、実家のスペインのモラ伯爵家か、あるいは母方のアラゴン家が欧州大塔宮の子孫ということと思われます。

在英ワンワールドの背後に欧州王塔宮

文久三（一八六三）年の薩英戦争で善戦した薩摩藩は、英国艦隊の威力を実感して英国に接近し、親密になります。薩英戦争を契機に急速に発展した薩英関係を、「英国を本拠とするワンワールドの地政学的海洋勢力が、薩摩藩農士たちを誘導して海洋ワンワールド連合の薩摩支部を結成させた」と解釈したのが三年前の私見です。

拙著『金融ワンワールド』に述べた右の私見は、基本的に誤りではありませんが、二年前の平成二十五年初頭に至って一段と深い認識に到達することができました。それは、拙著『南北朝こそ日本の機密』には述べていませんが、近世以後の世界史の根本に、大塔宮護良親王から始まる國體天皇がいることです。

欧州大塔宮の子孫であるベルギー王家・ボードゥアン国王とファビオラ王妃

ベルギー王妃の葬儀に強行日程で参列された美智子皇后陛下

二年前の私が「地政学的な海洋ワンワールドの連合」と考えた勢力の正体が、実は世界王室連合で、その背後になんと欧州大塔宮がいたのです。大塔宮護良親王から始まる國體天皇系が欧州王家となり、欧州貴族となって、大きく発展していたとは、ほんとうに驚きました。

欧州の大塔宮子孫は分家を生じ、幾つかの欧州王家・欧州貴族に入りましたが、大塔宮子孫を護って欧州に随従した南朝武士や熊野水軍の面々が、欧州はもとより新大陸にも広がり、秘かに形成した強大な勢力を、本稿では「在外南朝勢」と呼びます。

欧州大塔宮の資金を、イングランド海軍の提督ウィリアム・ペン（一六二一～七〇）が英国王チャールズⅡ世に貸した大金の担保に取った北米の土地が、代物弁済によって息子のウィリアム・ペン（一六四四～一七一八）のものになり、その姓に因んでペンシルヴァニア植民地と呼ばれ、新教徒ことにクエーカー教徒の楽園になりました。

ジョージ・フォックス（一六二四～九一）が一六五〇年ごろにイングランドで創始した非国教徒の「キリスト友会」は、クエーカーと呼ばれますが、「古代ケルト人の神道ドルイド教がキリスト教化した宗派」との見方があり、私見もそれに与《くみ》します。

ドルイドとはケルトの神官の意味ですが、その宗教上の特徴は樹木信仰で、寄生木《やどりぎ》が寄生した樫の下で儀式を執り行っていたのは寄生木の霊力を信じていたのです。

自然崇拝教のドルイドを下敷きにしたキリスト新教のクエーカーが一六五〇年代のイングランドで始まったのは、一五三四年のイエズス会の創始や、一五四五年のトレント公会議など、プロテスタントに対する「対抗改革」に対応して生じた反カソリック・反ヴァチカン運動の一つではないかと思われます。

提督ウィリアム・ペンが英国王チャールズII世に貸した大金の出所を欧州大塔宮と推察するのは、國體天皇が「宇宙・自然・祖先に対する崇拝」を本質とする神仏混淆の「日本教」に立つからで、欧州大塔宮が、三位一体説のカソリック教会を中核とする排他的な天啓一神教と対抗させる目的で、プロテスタントに加担して、その一派クエーカーを支援していたと考えるからです。

地球上の精神世界の対立軸は大別すると多神教と一神教の二つですが、両陣営の枢軸は天啓一神教と神仏混淆教で、人類世界の覇権を懸け、互いに相手側に潜入しながら暗闘しているのです。

これによって観れば、クエーカーが「キリスト教化されたドルイド」か、「キリスト教に潜入したドルイド」かは見方しだいで、どちらも正しいのです。

小栗忠順は欧州大統宮の子孫

ウィリアム・ペンの働きによりペンシルヴァニア植民地は欧州大塔宮の実質領地になり、その首都フィラデルフィアはアメリカ独立運動の中心地になります。欧州大塔宮がフィラデルフィアの地を治める者として養成するため、一族を日本に里帰りさせます。

それが幕末の幕閣を担った幕府旗本小栗忠順《おぐりただまさ》です。日本に里戻りして旗本小栗家に入った経緯は未詳ですが、近来京都皇統の舎人からの仄聞では、旗本小栗家は室町時代の画家小栗宗旦《そうたん》の家系ということです。

そこで調べてみると、崇光天皇崩御の応永五（一三九八）年に生まれて寛正五（一四六四）年に死去した小栗宗旦は、本名小栗助重《すけしげ》で常陸国真壁郡小栗城主小栗満重《みつしげ》の子です。

小栗家の初代小栗重義の出た大掾家《だいじょう》は、遡れば平貞盛の甥で常陸平家の本宗となった常陸大掾平惟幹《たいらのこれもと》から発しています。重義の十一代孫の小栗満重は鎌倉公方足利持氏に叛《そむ》いて小栗城を落とされる際に、助重を逃がして自殺しますが、三河国に逃れた一族の子孫に婿入りした松平氏が小栗を名乗りました。

この経緯は、徳川四天王の酒井家の素性を郷士酒井氏に入った松平氏とする経緯とそっくりですから、松平氏の権威を固めるための作り話と考えられますが、ともかく三河小栗氏は徳川家康に仕えて旗本小栗家になったわけです。

最近、國體参謀の画家藤田嗣治《つぐはる》の母が小栗家の出と聞いたので、調べてみますと、嗣治の父の陸軍軍医総監藤田嗣章《つぐあきら》の夫人の政《まさ》の父は旗本小栗信《まこと》です。嫡男に恵まれないため長女くに子の婿養子に旗本中川飛騨守忠英の四男忠高を子に迎えた忠清が病死した後、男子が生まれたということです。忠高の弟となったその男子が「小栗信」で、その娘の「政」が藤田嗣治の母というわけです。

ところが異説があり、その男子の名は「庄次郎」で、旗本日下家に養子に入って日下数馬と称し、娘の鉞子《よきこ》が父の養兄中川忠高の子でいとこにあたる小栗忠順の養女となった、とのことです。

私見はこれを正しいと考えますが、ともかく旗本中川家から小栗家に入れられた小栗忠高が、欧州大塔宮系と推察されます。ちなみに、長州藩医和田氏の子から藩士桂家に入籍した桂小五郎すなわち木戸孝允も、欧州大塔宮の末裔で日本に送り込まれたようです。

さて、興味深いことにペンシルヴァニア植民地は、一七三〇年から一七六四年までの間、「コロニアル・スクリップ」と呼ばれた紙幣を発行して金銀保有量の不足を補っていました。

これは、日本で言えば太政官札に当たる植民地政府発行の無利子の債務証券で、発行量を政府の裁量で規制したため、雇用と繁栄を助長しました。

この紙幣創設に関与したベンジャミン・フランクリン（一七〇六〜九〇）は波動・幾何系シャーマンで、一七三〇年にフィラデルフィアのフリーメーソンに入会し、一七三四年にはウォールストリートのフリーメーソン・ロッジでグランドマスターとなっています。

一七一七年に創設された「近代メーソン」についても、「黒い貴族」と同じく、日本社会に充満する僻《ひが》み・嫉妬・不合理に満ちた俗流の偏見を排して、その本質を考察する時期がようやく来たようです。

万延元（一八六〇）年の春に出発した「万延遣米使節団」の真の目的は、序列第三位の「監察」の身分で参加した小栗忠順がフィラデルフィアに赴き、欧州大塔宮ないし海外南朝の関係者と現地で会いますが、そのアリバイ作りのためにフィラデルフィア造幣局を訪れ、そこで行った貨幣実験で日米の金銀貨交換比率に関する日本側の説の正しさを証明しました。

金銀比率を是正する「万延の幣制改革」を準備した小栗は、自分の訪米中にこれを実施させますが、帰国後に発行した万延二分金《にぶきん》は「小栗二分金」と呼ばれ、銀製ながら名目貨幣に近く、これを大量に発行したことで、開港で混乱する幕末の経済状況を活性化して繁栄に導きます（使節団の渡航前に、「万延の幣制改革」として「小栗二分金」の発行が決定していたことは、拙著『京都ウラ天皇と薩長新政府の暗闘』などに詳述しております)。

幕末期に紙幣政策に腐心した小栗は「兵庫金札《きんさつ》」を発行しますが、その際、フィラデルフィアで聞いた「コロニアル・スクリップ」の話を活かした、とも考えられます。

政体に潜んだ國體奉公衆と勧修寺衆

國體奉公衆の拠点となっていた極楽寺ネットワークのカナメは大和国西大寺で、鎌倉時代にできたその機能は南北朝時代に拡大化し、室町時代も続いたと考えられますが、やがて山城国山科郷の真言宗勧修寺に移転します。

その時期はおそらく江戸初期で、これ以後、極楽寺衆は勧修寺衆となります。勧修寺衆を統率する組織が寺院ネットワークであることは間違いなく、紀州徳川家に入った吉宗が高野山領内を除き、紀州領内の真言密教寺院を勧修寺の末寺に変えたのは、これと密接に絡んでいます。

勧修寺衆の最高位は國體参謀総長にあたる勧修寺宮ですが、その下でネットワークを統括する指揮命令系統(ライン)がいかなる形態をとっていたかは未詳です。

スタッフの國體参謀は、既刊の拙著が繰り返して述べる「波動・幾何系シャーマン」(当初の呼称「数理系シャーマン」を改称)で、太古のカバネを引き継いできたのです。多くは郷士階級の出身で、長崎の幕府海軍伝習所と幕府外国方に集められました。熊野別当家の田辺太一《たなべたいち》をカシラとする幕府通訳衆と勝海舟を頭領とする幕府海軍衆となった彼らは、渡欧して新知識の導入と国産技術の開発工夫で多大の成果を挙げました。

古来、行政を執行する政体勢力と、国家社会を護る國體勢力が共存していたわが国ですが、大和朝廷の当時は、國體と政体の区分もさほど明確でなく、豪族連合政体の最高行政官は「オミ」の最高位たる大臣《おおおみ》で、軍の最高司令官大連《おおむらじ》が國體の護持に専心していたようです。

その後の各時代の政体に潜んだ國體参謀を見つけ出すのはなかなか困難ですが、二十年前に京都皇統の側近から、「酒井雅楽頭《うたのかみ》は天海《てんかい》僧正の配下」と伺ったことがあります。

本稿で後に見るように、酒井家は雅楽頭・左衛門尉《さえもんのじょう》・修理大夫《しゅりのだいぶ》の三家に分かれますが、三家とも幕末維新にかけて国事上並々ならぬ働きで國體に奉じています。

三河酒井家が、家康の先祖松平親氏《ちかうじ》が郷士酒井氏に養子入りした家系、という伝承は、酒井の家系がほんらいの國體奉公衆であることを隠蔽するためのものと考えられ、旗本小栗家にも同じような事情があるようです。

両家とも遡れば、上州足利荘と新田荘の起源に関する國體事情があるのですが、本稿ではこれを述べる紙数がありません。

國體参謀はいずれも古代からのカバネで、先祖から伝わる「波動・幾何系シャーマン」の能力を、代々受け継いだ職能を家職とする社会人の顔を持ちながら、陰で國體に奉仕してきたのです。身分は郷士・庄屋が多く、その例は楠木正儀《くすのきまさのり》の末裔で紀州藩士となった津田又太郎（出《いずる》）ですが、なかには高位の上士も旗本もいて、紀州藩士の伊達家と宇佐美家がこれに当たります。

紀州藩勘定奉行として藩財政を運営しながら、國體天皇の命により新体制の理念を確立するための歴史研究に勤しんだ伊達宗広は、『大勢三転考』を著して維新後の社会体制を「オホヤケの代《よ》」と規定しました。

國體の根本原理は「天皇制社会主義」

カバネ（族種集団）のキミ（頭領）の管理支配下にあるタミ（民）が、各カバネの職能を活かした生産活動で社会に寄与しながら、カバネの職能を代々維持し洗練していたのです。人類社会が必要とする教育も福祉も、すべて職能族種集団の中で行われていました。

現代の産業社会も、見方を変えればカバネ社会で、製鉄・電気製品・造船・金融など業種に分けられた大企業が近代社会における職能集団ですが、古代と異なるのは、構成メンバーたる従業員に族種性がなく、広く社会一般から募集していることです。

職能を支える一般知識が学校教育で与えられるため、大企業が従業員を学歴で採用する制度ができて、族種社会に代わり学歴社会が到来しました。企業活動では、命令系統が経営者（キミ）－役職員（オミ）－一般従業員（タミ）の直列構造を通じて行われ、連絡系統は営業・総務・製造などの職能部門同士で行われ、複雑な意思決定と実行を繰り返しながら社会的生産活動を実行していきます。

職能を異にしたカバネがそれぞれの特性を保持しながら、他のカバネと協業して社会活動を営む集合体の中心に天皇がおられる。これが列島社会の理想的な在り方で、これを「國體」と呼びます。

企業体の運営は、キミ―オミ―タミの縦型ピラミッド形組織による以外に方法はありませんが、同時に横の連絡（コミュニケーション）も行うのが原則で、それが日本の組織に特有の稟議《りんぎ》制（コンセンサス・システム）です。国家組織そのものがこの構造ですから、下部をなす官庁・軍隊・事業体など、また民間の学校・宗団などあらゆる機能的社会集団を運営するには、このピラミッド型組織しかありません。

これを「現代社会で唯一かつ決定的な存在」と喝破したのが、ユダヤ系オーストリア人経営学者ピーター・ドラッカーです。「組織（オーガニゼイション）とは、個人としての人間、また社会人としての人間に対し、何らかの貢献を行わせ自己実現させるための手段である」と規定し、「それを運用する職能（マネジメント）が社会の主導的機関として出現したことは史上画期的な出来事である」と説きましたが、これこそわが日本の國體なのです。

忘れないために、ここで一言しておきたいのは、他文明・他地域は知らず日本列島においては、古来カバネ（職能族種）による分業・協業を根本的な社会体制とする社会思想が成立していますから、カバネのキミの命令とあらば、あたかも企業内の人事異動のごとく、タミの移住が円滑に行われてきたことです。

この点が、人民の地域移動に関して日本社会が他国と著しく異なるところです。日本の地誌を論じる際には住民の族種性との関係も併せて論じなければならないのですが、地誌を論ずる史学者は、特定族種が國體天皇の指示によってその地域に移住させられたことに気づいていません。

たとえば、明治維新後に下北半島に移住させられた会津藩士がさらに函館に移住したのは、賊軍への懲罰に見えながら、真の目的はロシア南下の脅威に備えて軍人を北海道に住まわせたものです。北海道に移った会津藩士たちがニシン漁に進出して大金を稼ぎ、ニシン御殿を建てたのもその結果で、単なる市場経済のおもむくところではないのに、これを論じた史家はいないようです。

政体がひた隠す「七大国難政治事件」

國體を、「至上の政治・社会理念」と心得て、いかなる社会変動があろうとも絶対に護持しようとする考え方が國體思想です。

國體にとっての最大の危機は、何と言っても列島社会の分裂です。建国以来、孜々《しし》として積み上げてきた國體天皇と先人の努力が大きく損なわれる国家分裂は、国難これに過ぎるものはありません。国家分裂の原因として、他国とくに多民族国家では国内反乱が挙げられますが、日本列島では、それよりも外国の侵略の方が深刻です。

日本史上で、外国の謀略により国家分裂の危機にさらされた時期を、ざっと振り返れば、①開化天皇の御宇、②壬申の乱、③将門の乱、④大内・山名両氏の興隆、⑤天正の織豊政権、⑥幕末開国、⑦大東亜戦争の終戦など、となるでしょうか。

こういえば、「なぜそれが国家分裂の危機なのか、元寇がないではないか？」とのご質問が出るでしょう。それももっともですが、一つだけ例にとり説明すれば、「③将門の乱」は、新羅の国王が両毛地帯（栃木・群馬）に亡命政権を建てる計画があり、これに絡んで生じたものと仄聞します。

つまり、元寇よりも、もっと深刻な危機だったのです。

外国勢力でも抜け目のないものは、武力を用いる直接侵入を避けて、国内の一部勢力に反乱を起こさせます。現代ではアメリカ合衆国のＣＩＡが好んで用いる手法ですが、何もアメリカだけではなく、目下、沖縄で生じている偽装市民運動もその萌芽といえます。

史上の具体例は「④大内・山名両氏の興隆」で、周防国の小京都を首都にして高麗の分国を建てようとした大内氏の反乱を、足利義満が見事に封じて国難を救ったのです。同時期の「明徳山名の乱」も同根です。

先に掲げた七つの政治的大事件は、政体の在り方をめぐる争いとみられてきましたが、その中には國體の根本に関わるものがあり、ゆえにその真相の隠蔽が歴代の政体により図られました。

その偽史策（歴史隠蔽策）が明治維新の後も続き、第二次大戦後も続けられて今日に至ったのは、一には「歴史学固有の慣性」によるものです。史学にも物理学の「ニュートンの慣性法則」に似た性格があり、外力が働かない限り、物体はその位置を変えないのです。

それを糺《ただ》すのが拙著『明治維新の極秘計画』を第一巻とする「落合秘史シリーズ」で、本稿がその第六巻です。

さて、すでに述べたように、日本社会は偶然と必然とを問わず、この日本列島に棲息するようになった族種が、それぞれの職能を発揮し協業しながら、平和で落ち着いた、しかも職能の発達向上を不断に目指す活力に裏付けられた社会です。

何となく中国共産党中央委員会が二〇〇六年に決定した中華人民共和国のスローガンの「社会主

義和諧社会」を想起しますが、お隣は二〇二〇年までに構築する予定と聞きます。日本では二千年も前から國體の理念を「天皇制社会主義」として、常にこれを護持してきたのです。

國體の理念と政体の都合とが矛盾することは、しばしばありました。いや、むしろ両者は常に矛盾をはらんでいるのです。なぜなら、和傘は開くことで役立ちますが、広げたときには強風に弱く、傘を守ろうとすれば、手元ロクロを下げて傘を閉じなければならぬ場合も訪れるからです。

一旦緩急のある場合は、「雨に濡れることを承知で傘を閉じる」のが國體側の役割ですが、その動きは、「降り注ぐ雨の下で機能を果たすために傘を開いておきたい」政体側から邪魔されるのが当然です。

國體側は、その行動の理由を政体に説明しません。國體が危機に瀕した以上、情報を公開することは直ちに外敵を利するからです。國體側の把握する外敵の情況と、これに対する施策は「特定秘密」ですが、これを公開しないことから犠牲が生じます。もとよりそれを承知の國體側は、犠牲を「大義のため」として納得しているのです。

江戸幕末の大老井伊直弼・将軍徳川慶喜・京都守護職松平容保《かたもり》らはまさにその例で、西郷隆盛もこれに加えるべきでしょう。

これに対し、政体側でも犠牲が出ます。大久保利通・大村益次郎・江藤新平がその例ですが、彼らは國體の大義に死んだとは言えないように思います。

「南北朝史観」という視点で見る日本史

さて、日本史上で「南北朝時代」とは、建武三（一三三六）年から明徳三（一三九二）年までの五十六年間で、皇室が南北二つに分裂した時代をいいます。「朝」とは朝廷の意味ですから、それはたしかにそうですが、それではなぜ皇室が南北に分裂したか、すなわち南北両朝が出現した根本原因を考える必要があります。

史家はややもすれば、この原因を鎌倉幕府の介入による「南北両統の十年迭立《てつりつ》」の取り決めに帰しますが、いかにも浅薄です。「何がなんでも大覚寺統が皇位を独占したい」という後醍醐天皇の我意として説明するのは、論者が己を基準にした解釈ですから浅はかの限りです。

また、経済利権の面にその原因を求め、全国にわたる最大の荘園群であった長講堂領と八条院領をめぐる持明院統と大覚寺統の争いと唱える説は、少しは問題の核心に近づいてはいますが、まだ半知半解というところです。

南北（朝）対立の本質は、人類社会の場である地球の物理的条件と、人類社会の本質たる分業制により必然的に出現する地政学的対立なのです。大陸勢力は土地を囲い込んで耕地化し、これに農奴を縛り付けて搾取します。一方、海洋勢力は海岸での食糧捕獲に注力しつつ、多種の水産物を広く交易することで、商業利潤を求めます。

地政学的用語では、大陸勢力の代名詞が「山」で、海洋勢力は「海」ですが、人間活動は地球の南北にある両磁極の潜在的影響を受けていることは当然ですから、山・海よりも南・北として呼びたいと思います。

また、南北両勢力に王家・朝廷が関係していない場合にも、象徴的意味で「南朝勢力」「北朝勢力」と呼びたいと思います。そうすると「朝」の一字が無意味で余分ですが、これを付けないと落ち着きません。世界史上で最も著しい南北朝抗争の例は、ローマが北朝、カルタゴが南朝として戦った「ポエニ戦役」です。

ちなみに、古代イスラエル王国がカナーンの地で南北に分裂したとき、北方のイスラエル王国は地政学的性格が「海」ですから南朝的勢力というべきで、南方のユダヤ王国は同じく「山」のため、その意味では北朝勢力です。また、グレート・ブリテン島でも、スコットランドには吉野的要素があり南朝的なのに対し、イングランドは京都的要素に満ちた北朝ですから、「南北朝」とはいうものの、所在地の方位には関係がないのです。

ともかく、本稿及び「落合秘史シリーズ」は、この南北朝史観をもって日本史を観ていきます。

縄文海人・安曇氏と橘氏が南朝の起源

今から七万年前に始まり、一万年前に終了したヴュルム氷河期（最終氷期）には、地球上の大部分が厚い氷床に覆われていました。氷床が最大になったのは最終氷期の最寒冷期で二万一千年前のことですが、現在の温暖地もこの時代の気候は非常に乾燥していて寒冷でした。

寒冷化の影響が比較的少なかった地域でも熱帯雨林は大幅に縮小し、東南アジアでも同様でしたが、中華大陸の華北部は氷河に覆われずにツンドラと大草原が混在し、華南部では乾燥化により森林の大部分が喪失して荒涼としたウッドランド（疎開林）が分布していました。

最終氷期の最盛期には海水の構成水分が蒸発して降雪し、陸上で氷となったため、海水量が減少して世界中の海面は約百二十メートルも低下し、その影響で海岸線は後退していました。海水準が最も低下した時代には東南アジアの浅海が陸地となり、南シナ海にスンダランドを形成していました。

人類が日本列島へ移住してきたのは氷河時代の八～九万年前とされ、旧石器時代は四万年前からで世界最古の旧石器が出現しています。日本列島と大陸の間は陸橋が浮上して、日本海は内海だったというのは以前の学説で、今になって「津軽海峡と対馬海峡はやはり海だった」などと言い出しました。もっとも、今よりは狭かったことは当然ですから、船を用いて渡来したのでしょう。哺乳動物は陸橋になっていた宗谷海峡を通って日本列島に渡来したようです。

絶滅が一万年前とされるニホンムカシジカや二万年前とされるナウマンゾウの化石が日本各地で発見され、「五色龍歯」と呼ばれるナウマンゾウの臼歯の化石が正倉院宝物にあるそうです。狩猟によって絶滅したとされますが、温暖化により植生が針葉樹から落葉広葉樹と照葉樹に変化したことが原因と唱える向きもあります。

旧石器時代は今から一万六千年前に終わり、日本列島は新石器時代に入りますが、これを縄文時代ともいい、三千年前まで続きます。このときの日本列島にいた住民たちの子孫が現在の日本人口の一五パーセントほどを占めているそうです。

日本民族の源流は三大族種ですが、聞くところでは七割を「弥生人（倭人）」が占め、残りを「縄文人」と「古墳人」が分けているそうです。現代日本人に純血種は少なく、多かれ少なかれ、三民族が混血していますから、右の比率は血量のことと思います。

本稿の言う「南朝勢力」とは、縄文海民たちを中核とする族種集団のことで、これが安曇氏《あずみうじ》であろうと考えます。他に縄文時代に海外から渡来してきた新石器人（縄文族）が、多くはないが混じっています。海外から渡来した新石器人として、私が考えるのはウバイド人です。

新石器時代に入った今から一万年前に、ティグリス・ユーフラテスの両大河に囲まれた〝肥沃な三日月地帯〟で人類が狩猟・採集生活から牧畜（牛、羊）・農耕（麦類）生活に移行したことを示す遺跡が発見されています。

この地で栄えたハラフ文化を引き継いだのが、七千五百年前にメソポタミアの最南部で発生したウバイド文化で、灌漑農法を発明して農業生産を拡大しましたが、五千二百年前すなわち紀元前三八〇〇年ごろに急激に衰退しました。原因は、乾燥が広がり人間活動が不可能になったこととみられています。

紀元前三五〇〇年ごろ、メソポタミアの最南部の両河下流地帯に出現したウルク都市文明の担い手はシュメル人で、ウバイド文化を引き継いでシュメル文明が始まります。両河下流に発生したウバイド文化が、両河上流の北方のメソポタミア中部の文化と関係があったことは明らかですが、ウバイド人自身が何者で、どこからやってきたかは、その後を継いだシュメル人およびシュメル文明の起源に関わっている難問で、本稿は論じ得ません。

ウバイド人は三つの社会集団によって構成されていた、とされます。穀物・家畜といった農産物を作る定着農民、家畜を追ってテントで暮らす遊牧民、葦で作った家で暮らす漁撈民です。したがって単一民族ではなく、職能を異にした族種が共存してウバイド文明を共有していたわけです。

メソポタミアに入ってきたシュメル人と入れ代わりに、ウバイド人は両河下流地帯を去りますが、このときが騎馬民族と海洋民族の分かれになったようです。

西方へ向かった者はエーゲ文明を造り、北へ向かった者は草原でスキタイとなります。ペルシャ湾から船出した者は、インド洋を東行してインドに上陸してインダス文明を築き、その一部は洋上に浮かんで日本の熊野に辿り着いたと、本稿は考えています。これが縄文海民の族種橘氏《たちばなうじ》です。

「欠史八代」の真実は実在した海人王朝

列島在来の縄文海人族の大宗《たいそう》（本家）は筑前国糟屋《かすや》郡志賀島《しかのしま》郷の安曇氏で、北九州に海人族の王権を建てます。ヤマト王権は、北九州海人王権の王族イワレ彦すなわち神武天皇が東遷して建てた王朝と一応は考えますが、即位の時期を紀元前六六〇年とすることを含めて事績には未詳のところが多いので、本稿では触れないこととします。

それより後に、渡民騎馬民に圧迫された安曇氏の一部は東遷して信濃国に入って滋野《しげの》氏となり、滋野氏が望月・海野《うんの》・禰津《ねづ》に分かれ、海野氏の一部が真田氏を称します。

縄文海人族は北陸にもいて、糸魚川のヒスイ資源を押さえていたヌナカワヒメ（沼河比売）は、『古事記』に出るのに『日本書紀』に出ていないので、かえって存在に信憑性があります。

糸魚川の地域伝承では、沼河比売が生んだ大国主の子がタケミナカタ（建御名方命）で、姫川を遡って諏訪に入り諏訪上社の祭神となり、子孫が諏訪大祝《おおほうり》の諏訪氏となります。後述の春日氏と小野氏が諏訪神党に含まれていることから見て、諏訪氏が安曇海人族の一派であることはたしかで、安曇系の中でも特別な一門と仄聞しています。

重要なのは、第二代綏靖天皇から第九代開化天皇までのいわゆる「欠史八代」が、安曇系海人王朝だったことです。

春日氏の系図では、家祖を第五代孝昭天皇の皇子アマノオシタラシ彦（天押帯日子）としています（『日本書紀』では天足彦国忍人《あまたるひこくにおすひと》と称します）。

家系図はこれでよいとして、族種的にみれば、春日氏の源流は筑前国糟屋郡志賀島郷の安曇系海人と考えられます。巷説では、大和国添上《そえかみ》郡和邇《わに》邑《むら》（現・天理市和爾《わにちょう》町）を本貫《ほんがん》とする和邇氏の一部が、六世紀ころ奈良の三笠山麓の春日野に移住して春日姓を称したとされます。

「欠史八代」の実在を否認する右の説に対して、私見は、現在の史学者が二世紀末から三世紀にかけて実在したと認める第十代崇神天皇の父として、第九代開化天皇の存在を認めても不都合はないと考えます。

縄文海人族王朝の「欠史八代」の最後の開化天皇が、現実に大和国で春日率川宮《いざかわ》を営んでいたとみて何の不自然もなく、したがって、それより三代遡る天押帯日子《あまおしたらしひこのみこと》（五代天皇孝昭の皇子）を家祖とする春日氏の歴史は二世紀まで遡るのです。

春日氏が和邇姓に変じ、欽明朝になって春日に復姓したというのは、「鶏と卵の関係」ですから、要するに春日氏と和邇氏は同一氏族ということです。また春日氏と同族の小野氏の本貫とされる近江国滋賀郡小野村の近隣に和邇中村があり、そこの和邇氏が、地名を冠して小野氏と称したとみるのが自然ですから結局、小野氏も和邇氏は同族で、広義の春日氏としてよいのです。

ちなみに、欠史八代架空説の根拠の一つは、「その後の王朝のように兄弟相続でなく、家系が直列である」ことですが、これこそ本末転倒の典型です。

というのは、兄弟相続が頻繁に出現する系図はたいていの場合、複数の王家を統合して一大王族をでっち上げる「古代エジプト式」と呼ばれる偽史術を用いたもので、実際の家族関係を表してはいないからです。

現に、『古事記』と『日本書紀』の皇統譜を比較すれば、あまりにも多くの相違点があり、系図のタテ（親子関係）とヨコ（兄弟関係）のズレがあまりにも多いことを感じます。

『古事記』と『日本書紀』の記述を相違させた深謀

一般の歴史事象ならば、史家の見地によって解釈が異なることはありえますが、家族関係となると、人目に見える部分があるため本質的には客観的事象ですから、ゴマカシはききません。政体が編纂した正式史書たる『記紀』の皇統譜が互いに相違するのはいかにも不自然です。

他国の史書と同じく、『記紀』も時の政権勢力の必要により編纂されたものです。ゆえに、『古事記』には編纂当時の政権勢力の主張が盛り込まれていて当然ですが、その後で、時の政体がわざわざ『日本書紀』を拵《こしら》えた理由は、政権勢力が交替して新勢力が血統的・家系的正統性を主張する目的で作成した以外にはありえません。

『古事記』の編纂者太安万侶《おおのやすまろ》は、欠史八代の最初の天皇綏靖天皇の兄八井耳《やいみみ》から始まる多《おお》氏ですから、欠史八代の事績を知らぬはずはありません。むしろ、真の歴史を知っていたからこそ『古事記』の編纂を命じられたのですが、崇神王朝に先行する海人王朝の事績を述べることは、当時の朝廷から許されず、やむなく事績を隠蔽したため、後世の史家から「欠史」と呼ばれて、存在さえ否認されています。

しかしながらあえて記載しないことにこそ意味があり、隠蔽された國體秘事を後人が暴くための糸口として、あえて「欠史」にしたところに太安万侶の苦心を察するべきです。

一方、『日本書紀』が「一書に曰く」を多用するのも、偽史だけで固めてしまうと『日本書紀』そのものの信憑性がもたないため、異説を並べて「悪意の柔構造」とした政体側の底意が窺われますから、「一書に曰く」とされた内容の方が「本文」よりも信頼がおけます。

このような悪知恵は、生存競争の激化により社会が退廃して道徳が劣化した、いわゆる「先進社会」から持ち込まれたのです。

『記紀』に兄弟相続が頻繁に出てくるのは、朝鮮半島を経て新たに渡来した騎馬民勢力が、皇室に侵入する目的で、古代エジプト流偽史術を利用したのが真の理由とみるべきです。マルクス史観とかいって、歴史進化の主体を民衆とする立場がありますが、社会の基底にいる民衆が社会を主体的に動かすことなど、マス・メディアが存在しなかった古代社会には滅多に生じていません。

要するに、日本史を論じるには、歴史進化の主体だった天皇そのものを論じなければならないのですが、天皇を定義する「皇統譜」が、実は政治的意図で改変・捏造されていたことは、万人が認めざるを得ず、結局のところ日本史研究は、「皇統譜」の客観的分析と科学的研究を根本に置くよりほかに方法はありません。

ところが、明治維新で登場した薩長藩閥政体が権力の維持を目的に皇国史観を立て、皇室の尊厳をかざして皇統譜研究を禁じました。そればかりか、御用学者を動員して、『記紀』に始まる偽史をなおさらに強化せしめてきたのです。

大東亜戦争後には、皇国史観が壊滅した代わりに唯物史観が侵入し、歴史主体を常に人民と見なす非現実的な妄想により、歴史主体としての天皇を排除しました。このため日本社会の全容を知らない史家が、国家予算を乱費して細部をほじくるだけで、結局どうしようもない混沌に陥っているのが、日本史学の現状です。

これまでの結論として、日本の國體構造を以下に示します。

①領土＝日本列島と付属諸島
②人民＝三大源流と古墳時代以後の渡来人

③文化＝三大源流が融合して一つになる「和」の文化
④宗教＝神仏混淆で自然神・先祖神・宇宙を崇拝する日本教
⑤皇室＝シュメルの騎馬族が崇神王朝となり、海人王朝の春日氏が皇室外戚族として國體参謀本部を維持し、同じく開化天皇の皇子の彦坐王《ひこいますのおう》の子孫が各地の国造（首長）となり、地方《じかた》の各カバネが家職によって國體奉公衆となる。
⑥國體史書として『古事記』を編纂、これに対して政体が『日本書紀』を編纂。

第Ⅰ部 「一皇万民の代《よ》」天皇制社会主義

第一章 幕政は奉還したものの

王政復古の実の主役は「國體三卿」

日本はこのところ「歴女ブーム」だそうです。隣国に言われるまでもなく、日本の歴史を正しく認識しようとの動きが社会の底辺で始まっているのは、日本人としてまことに欣快の至りです。そこで一つ問題を出します。

徳川慶喜の大政奉還を受理して王政復古に結びつけた朝廷側の主体は誰だったのか？

陳腐きわまる右の質問に即答できる〝歴女〟あるいは〝歴士〟の方は、十人中に何人おられるでしょうか。答えは、中山忠能《なかやまただやす》・正親町三条実愛《おおぎまちさんじょうさねなる》・中御門経之《なかみかどつねゆき》の三公卿です。その理由は、拙著『京都ウラ天皇と薩長新政府の暗闘』などで詳述していますから、ぜひご覧ください。

つまり十五代将軍徳川慶喜の大政奉還を受け、朝廷側で王政復古を進めたのは、維新の実行者として周知の三条実美《さんじょうさねとみ》や岩倉具視ではなく、公家最高位の摂家の近衛・九条でもなく、中山・正親町三条・中御門の三公卿だったのです。この三公卿を、徳川家の三卿と紛れないために本稿では「國《こく》體三卿《たいさんきょう》」と呼びます。

國體三卿の家系を確認すると、中山忠能は維新後に國體天皇となられる孝明先帝の岳父で、堀川殿睦仁《むつひと》親王の実祖父です。その中山家と歴史上一本の糸のように縒《よ》り合わされてきたのが正親町三条家で、明治三（一八七一）年に実愛が姓を「嵯峨」と改めました。中山と嵯峨（正親町三条）の両家は事実上一家《いっけ》（一体）なのです。

中御門経之の妻の堀河冨子は岩倉具視の実姉で、また孝明先帝の寵姫《ちょうき》堀河紀子《もとこ》の実姉でもあります。つまり、経之は岩倉具視の義兄で、孝明先帝とも義兄のような関係にあります。

孝明先帝が偽装崩御された慶応二（一八六六）年十二月二十五日から王政復古（慶応三年十二月九日＝一八六八年一月三日）まで、國體三卿が即位前の「奇兵隊ノ天皇」を擁して朝廷を仕切っていました。十月十三日付で薩摩藩に、同十四日付で長州藩に下されたいわゆる「倒幕《とうばく》の密勅《みっちょく》」は、岩倉具視の腹心玉松操《たままつみさお》の起草とされますが、國體三卿の花押がないなど正式な手続きを経ていないため、史家によって「偽勅」とされています。

國體三卿が署名している以上、それなりの効力と意味を有していた「倒幕の密勅」は、十四日付で慶喜が奏請した大政奉還が、「奇兵隊ノ天皇」（大室寅《おおむろとら》之《の》祐《すけ》）によって遅滞なく受理されたため、間一髪のタイミングで無効となりました。「もし、慶喜の奏請が遅れていたら大変なことであった」と、渋沢栄一は『徳川慶喜公伝』で安堵の声を漏らしています。

しかし、「奇兵隊ノ天皇」のお側には國體三卿がいたのですから、「倒幕の密勅」は三卿が書いて、三卿が受け取ったことは明らかです。こういうのを「マッチ・ポンプ」といいますが、起草者を玉松にしたのは、偽勅の首謀者を岩倉と世間に見せかけるための細工とみるべきです。

ここで言いたいのは、「誰かを表に立てて動かし、その場にいる自分は、それと反対方向を向いている」という上級公卿の行動方式です。これを理解していないと、公家がらみの歴史的事件は絶対に解けません。

徹夜で徳川慶喜の辞官を争った小御所会議

慶応三（一八六七）年十二月九日に発せられた王政復古の大号令を受け、幕藩体制に代わる新政体として総裁《そうさい》・議定《ぎじょう》・参与《さんよ》の「三職」が設けられ、これに選ばれた面々を集めて京都御所内で開かれた会議を、会場に因んで「小御所会議《こごしょ》」と呼びます。

小御所会議のテーマは、大政奉還で幕府将軍職を辞めた徳川慶喜を「新政体のなかでどのように扱うか」、というものでした。争点は「慶喜の辞官納地《じかんのうち》」のただ一点にあり、岩倉具視と大久保利通が、「内大臣を辞め徳川家の所領を朝廷に返納せよ」と慶喜に迫ります。その模様と真相は、拙著『京都ウラ天皇と薩長新政府の暗闘』で念入りに述べましたので、詳細はそれに譲り、骨子だけ以下に述べます。

所領の件はさておくとして、「内大臣を辞めろ」とは一体どういう意味でしょうか？

正二位・内大臣・征夷大将軍・源氏長者・奨学淳和両院別当《しょうがくじゅんなべっとう》・兼右近衛大将《うこんのえのたいしょう》・右馬寮御監《うめりょうぎょかん》

これが十五代将軍徳川慶喜の肩書です。「征夷大将軍」は律令制にない令外官《りょうげのかん》で、だいたい正四位が当てられます。「内大臣」は、官位相当制では正・従の二位が相当しますので、これを慶喜の肩書の真っ先に掲げたわけです。「源氏長者」は賜姓源氏の棟梁のことで、「奨学・淳和両院別当」は二つの私立大学の学長職ですが、これも一種の官職なのです。「右近衛大将」「右馬寮御監」は武官職と軍馬育成職のワンセットで、どちらも従三位に相当します。

これらはいずれも「武家官位」といい、征夷大将軍に付随した名誉称号で実質のない空官ですが、がんらい正四位にしか相当しない征夷大将軍が、正二位内大臣を兼ねることにより、ただの武官職の征夷大将軍ではない「幕府将軍」となり、幕藩体制のトップになれるわけです。

渋沢栄一『徳川慶喜公伝』を見ると、新政体の機構と人事を発表した後に行われた小御所会議の争点は、「慶喜の辞官納地」のただ一点に尽きています。「納地」はさておくとして、「辞官」については、どう読んでも「武家官位の内大臣辞任」としか読めません。

十二月九日の小御所会議で徹夜までして争い、岩倉と大久保が総会屋まがいの恫喝で決定した慶喜の「辞官納地」とは、「慶喜が内大臣を辞し、所領を朝廷に返納する」ことです。王政復古の大号令で征夷大将軍職がなくなり、同日夜の小御所会議が「慶喜の辞官納地」を決定したのを受けて、越前侯松平春嶽と尾張侯徳川慶勝が翌日に二条城を訪れます。将軍罷職の命と辞官納地の内旨《ないし》を伝える両侯に対し、慶喜は将軍罷職を受け入れたものの、「辞官納地」は物情鎮定の後まで待つことを申請します。

問題はこの「慶喜辞官」です。

慶喜の武家官位は、右に述べたように「内大臣兼右近衛大将……」ですから、この「辞官」の対象は、文理上では内大臣兼右大将以下の武家官位ですが、小御所会議では内大臣だけを論じ、右近衛大将以下の官位の取扱いについては、誰も一語も言及していません。つまり、小御所会議では、慶喜の武家官位のうち内大臣だけを取り上げて、その辞任を論じたわけです。

朝廷では議定たちが慶喜の処遇を論じ、肩書を「前内大臣」とすることが決まります。しかし慶喜は、小御所会議で決定された「辞官納地」の実行を後回しにしますから、征夷大将軍は辞めても内大臣以下の武家官位は、結局そのままだったことになります。

小御所会議が徹夜で争った慶喜の「内大臣辞官」の意味が、その程度のものとは思えず、本当は何だったのか、そこのところをきちんと説明した書にまだお目にかかっていません。

「慶喜の辞官」とは具体的には何か?

慶応三(一八六七)年の秋、尾崎三良《おざきさぶろう》が京都・近江屋で坂本龍馬のために新政体案を書いてやった際の「三職」とは、「関白・内大臣」と「議奏」「参議」です。

後藤象二郎からこの政体案の事前検閲を依頼された岩倉具視は、用語が陳腐だからとして自ら筆を取り、「総裁・副総裁」「議奏」「参与」と改めたので、十二月九日の王政復古ではこの名称が採用されます。だが諸藩士による根回しの過程では、岩倉の造語よりも使い慣れた律令用語の「関白」「内大臣」「議奏」「参議」などが用いられたと考えても不自然はありません。

新政体の「関白」(総裁職)として尾崎は主人三条実美を予期しますが、これは維新勢力に共通する政治感覚です。また「内大臣」(副総裁)に相応《ふさわ》しい人材として、尾崎も坂本も、徳川慶喜を予

聖徳記念絵画館の壁画に描かれた「王政復古」図（島田墨仙画）。奥に「奇兵隊ノ天皇」、山内豊信（中央左）と岩倉具視（右）、大久保利通（右下背）

京都御所内の小御所

期したのは、それが当時の常識だったからです。つまり、静かに大政を奉還した前将軍慶喜が新政に不参加などとは、誰にせよ思いもよらなかったのです。

右に見た通り、岩倉と大久保が執拗に迫った慶喜の内大臣辞官とは、言葉の通り「武家官位の内大臣を辞めろ」という意味ではなく、真の意味は「新政体の内大臣に就くな」と解するしかないことを、以下に述べます。

王政復古にあたって最大の政治問題は、世間から副総裁就任が当然とみられていた慶喜の今後の処遇です。これを脇にどけての小御所会議はあり得ず、参加者の思考は慶喜処遇の一点に絞られていますから、争点の「慶喜の内大臣辞官」とは、「慶喜が武家官位の内大臣を辞める」ことではなく、「慶喜に新政体副総裁たる内大臣の就任を辞退させる」意味でなければ、筋が通りません。

つまり、会議参加者の意識していた「内大臣」とは、武家官位の内大臣ではなく、尾崎原案の内大臣すなわち新政体の副総裁のことだったのです。

幕府将軍を辞めた場合、付随する武家官位の右大将以下はどうでもよいのですが、それを言えば内大臣も同じような空官です。右近衛大将以下が空官のため小御所会議の争点にならないのなら、内大臣も同じことで、論争するまでもありません。

しかし、実際には徹夜までして「慶喜辞官」を争ったのですから、その意味は「武家官位の内大臣の辞任」ではなく、「新政府副総裁の辞退」のことでなければ、辻褄が合わないのです。

小御所会議の場面を書き残した公文書はなく、実状を髣髴《ほうふつ》させるのは渋沢栄一『徳川慶喜公伝』

を第一とします。同書によれば、小御所会議はただただ慶喜の「内大臣辞官」の可否の激論に終始し、岩倉・大久保の総会屋的言動で慶喜の内大臣辞官と所領の納地が決まったのです。

早速、翌十日に尾張侯と越前侯が二条城を訪れ、「罷職ノ命ヲ徳川慶喜ニ伝へ、且ツ内旨ヲ授ケ、内大臣ヲ辞シ、封土ヲ納《い》レシム」とあります。この意味は、①機構改革により征夷大将軍がなくなったゆえ慶喜が罷職されたことを伝え、②慶喜に内大臣を辞して（旧職を辞任？　or新たに就くことを辞退？）、所領を朝廷に返還することを命じたのです。

この決定を両侯から聞いた慶喜は、「罷職ノ命ヲ奉ジ、辞官納地ハ、物情鎮定ノ後ヲ待タンコトヲ請フ」とあります。慶喜がその場で受け入れた「罷職」は明らかに征夷大将軍職のことで、「辞官」は内大臣を意味します。征夷大将軍職を廃止した以上、これに付随する武家官位の内大臣兼右大将以下を罷免することに、問題はほとんどなく、慶喜に辞官を打診する必要すらなかった、とさえ考えられます。

それは、征夷大将軍の「罷職」と同時に、武家官位の内大臣兼右大将以下をも自動的に罷免するのが当然と思われるからです。その場合、慶喜は正二位源慶喜となりますが、その方がかえって筋が通ると思われます。

争点は慶喜の「政府副総裁」就任

ところが朝廷は、征夷大将軍職の廃止に伴う武家官位罷免の処置の発令をしないまま、小御所会議に入りました。内大臣兼右大将以下の武家官位は、役職が廃止とならず罷免の発令もない以上、慶喜の肩書として残ったのです。巷説は、慶喜は慶応四（一八六八）年四月十一日に水戸へ落ちるときに「解官」されたとしますが、『明治史要』同日条は「徳川慶喜、水戸へ赴く」とあるだけで免官の記載はありません。

もっとも、それから一年余り後の明治二（一八六九）年七月八日の太政官制改定で「旧制ノ百官及ヒ受領ヲ廃シ」と決まり、あらゆる武家官位は自然消滅しますから、このときに免官されていなくても、結局はここで消滅したのです。

世紀の重要会議となった小御所会議で、そんな空官の辞任可否を争ったとは考えられず、政府官職としての実質を伴った内大臣のことを争ったとみるべきですが、朝廷の内大臣は定員一名で明治維新まで欠員はなく、慶喜が新たに割り込む余地はありません。

ともかく小御所会議が、慶喜に「内大臣ヲ辞セシムル」ことを決定したことは事実ですが、それを本人が「物情鎮定まで待ってほしい」というのは普通の人事感覚ではありません。よって、この「内大臣」は武家官位ではなく、実質を伴ったものではなかったか。またここで「辞」というのも「辞任」ではなく、「辞退」のことではなかったか、と想像します。

要するに、「内大臣ヲ辞セシムル」ことは、新政体の副総裁職を辞退することではないか、と考えるのです。

本稿は、慶喜の〝副総裁職辞退〟が、慶喜自身と國體三卿の間で、すでに決まっていたことを主張するものです。しかし慶喜は、自分の新政府参加を予期する大勢の旗本と佐幕大名および世論の手前、自ら進んで政府副総裁を辞退することはできず、そこで小御所会議でこれを論ずることとしたところ、國體三卿が総会屋として雇った岩倉・大久保コンビが暴れまくり、慶喜の副総裁職辞退をムリヤリ決定してしまったとみると、はなはだ筋が通ります。

小御所会議の席上、土佐侯山内容堂と後藤象二郎が慶喜の〝副総裁〟を容認したのに対し、岩倉と薩摩藩士大久保が慶喜排斥に回ります。そのなかで、すでに慶喜の新政不参加を決めていた國體三卿は、表面上は慶喜の副総裁職容認派のフリをします。

白熱した場面で小休止を命じられたフィクサー奇兵隊天皇も、慶喜容認の公家衆の雑談を聞き咎めて「議事進行」を叫び、また山内容堂の「幼冲《ようちゅう》（幼少）の天子云々」というヤジを一喝して封じた総会屋岩倉も、すべて一流の役者が揃った大茶番が小御所会議だったのです。これを企画した國體三卿の一人中山忠能が、小御所会議の議長としてその役割を果たしたことは、『徳川慶喜公伝』からも読み取れます。

さて、政体三職として設けられた「総裁」「議定」「参与」のうちの「参与」に任じて新政府の中枢となった諸藩の下級武士を指導・監視するために、國體三卿が「議定」に就いた意味を、従来の史家はまったく軽視してきました。

尾崎三良が坂本龍馬に見せた職制案は、「議奏」として、皇族の有栖川宮・仁和寺宮・山階宮、大名では薩長土肥に越前・尾張・伊予の諸侯、公家では國體三卿を予期しています。この面々に安芸侯・阿波侯などが加わって「議定」となり、「参与」となった下士たちを監督・指導したのです。

王政復古を主導して新政府のお目付け役となった國體三卿を、故意に無視したのは藩閥御用学者たちです。新政府内に形成された薩長藩閥に迎合し、王政復古における薩長の功績を不当に膨らますために、真の功労者の事績を意図的に隠蔽したわけで、その結果、国民は國體三卿の事績どころか存在さえ知らないのです。

「満鮮経略」は國體参謀本部の最高機密だった

もっとも、これには國體三卿の方にも原因があります。

「堀川政略」の幕末工程で大政奉還と王政復古を処理した國體三卿は、発足当初の新政府の中枢にいましたが、維新工程が進むにつれて国内政治からおもむろに身を引いたからです。國體三卿は、「堀川政略」の維新工程において、大政奉還よりもさらに重大な任務を与えられていたので、そちらに本腰を入れるために方向を転換したのです。

その重大任務の一端が露呈したのが、文久三（一八六三）年の「天誅組《てんちゅうぐみ》の変」です。中山忠能の七男忠光が尊攘浪士の頭領に仰がれて挙兵し、こと破れて亡命した長州で暗殺されますが、忠光は睦仁親王の御生母中山慶子《よしこ》の弟です。後の堀川殿睦仁親王の叔父が文久テロリズムでむざむざ犬死するはずはなく、この暗殺は当然偽装とみるべきです。

ことの真相は、長州藩士による偽装暗殺の後、忠光が李氏朝鮮国に渡り、李朝王室との間で秘密関係を結んだのです。この協定により、李王家や高位両班《ヤンバン》の子弟が秘かに来日して清華家《せいがけ》に入り、明治華族の一角を占めているそうです。

國體三卿の一人、正親町三条実愛は明治三（一八七〇）年に嵯峨と改姓し、子息の嵯峨公勝《きんとう》が中山忠光の遺児南加《なか》を娶《めと》って嵯峨実勝《さねとう》が生まれます。実勝の息女嵯峨浩《ひろ》が昭和十二（一九三七）年に満洲国皇弟愛新覚羅溥傑《あいしんかくらふけつ》の妃となりますが、これは決して偶然ではなく、「天誅組の変」に始まる「満鮮経略」の一つの帰結だったのです。

國體命令を受けて幕末以前から「満鮮経略」の準備をしていた國體三卿は、文久三年の「天誅組の変」から活動を始めます。「満鮮経略」は國體参謀本部の最高機密とされてきたので、これを文書で明かしたものは、本稿をもって最初のはずです。

ここで「満鮮経略」というと、「日教組史観」はもとより、最近よほど改良された「ＮＨＫ史観」あたりでも、「日本帝国主義の野望」とか言い出しそうですが、そんな底の浅いものではありません。「満鮮経略」は、海洋勢力としての日本列島が、地政学的見地によって、世界王室連合から割り当てられた全地球的な役割ですから、地域国家や民族主義などの地域的価値観を超えているのです。

この「満鮮経略」が開国日本の國體（国の在り方）を決定する最重要なファクターとなり、日韓併合から満洲建国を経て、今日の日韓問題はおろか北朝鮮外交を規定しているのですが、詳しくは本シリーズの後続巻で述べるつもりです。

幕政奉還の直後は「府・県・藩」三治制

江戸時代の日本は幕藩体制でした。幕藩体制の本質は、東日本中心の江戸幕府と西国に位置する雄藩の連合体です。

日本列島の東西は性格のかなり異なる経済社会に分かれ、金を銀で代用した二分金《にぶきん》などの幕府貨幣は名目貨幣的な性格が濃いため、幕府権力を畏《おそ》れかつ信頼する関東圏では問題なく通用しましたが、雄藩の治下にある西国商人は、幕府をそれほど信用していないため、丁銀《ちょうぎん》や小粒《こつぶ》などの秤量《しょうりょう》銀貨を好んで用いました。

通貨価値の構成要素は基本的に「暴力通用性」と「実物価値」の二つで、両者の構成比はその地域を支配する政治権力の強さで決まります。現在の管理通貨制の通貨は紙幣で、その実物価値は発券銀行が準備している金地金《きんじがね》で一定部分が引き当てられる仕組みです。

学者が「金遣《きんづか》い圏」とか「銀遣《ぎんづか》い圏」とか呼び、これを地方的な習慣と解説するのは、政治権力と社会の関係を見ようとしないピンボケ論で、本当は「金遣い圏」の本質を「暴力通貨圏」、「銀遣い圏」の本質を「実物貨幣圏」としてみるべきです。問題は、前者に「藩札《はんさつ》」も考慮に入れなければならないことで、江戸時代の藩札には金地金の引き当てはなかったのに、現代人の想像以上に出回っていたようです。藩内はすでに紙幣経済に入っていた、とも言えます。

ここで言いたいのは幕府と雄藩の関係です。

封建制では国家の内部は多数の領国に分かれ、各領国は行政的には独立国で、藩主が領内の土地（版図《はんと》）処分権と領民（戸籍）支配権を私的に掌握していて、これを「版籍《はんせき》」（土地と人民）と呼びました。

この領国のことを「藩」と呼ぶのが現代史学の常識ですが、江戸時代の公式名称に「藩」という用語はなく、一部の漢学者が中華思想上の政治学的観念として用いていただけでした。

今でいう「藩」は「領分《りょうぶん》」と言われ、領主の姓を冠して「島津領」とか「紀州徳川領」とか呼び、支配組織を「島津様家中《かちゅう》」とか呼び、領主に使える世襲身分の武士を「紀州様ご家来」とか呼んでいたのです。要するに、「版籍」が属するのはあくまでも自然人たる領主で、法人めいた印象のある「藩」ではなかったのです。

ところが、徳川慶喜から幕領（徳川家領と旗本知行地《ちぎょうち》）の版籍を奉還された朝廷は、これを天皇の直轄領として「府」または「県」と呼び、諸大名を天皇を護る藩屏《はんぺい》と見なし、その領地を「藩」と呼んだのは中華思想で、ともかくここに「府」「県」「藩」の三治制と呼ばれる地方行政体制が成立したのです。要するに、大政奉還とは「幕政の奉還」であって、日本列島を挙げて近代国家になったわけではないのです。

版籍奉還から廃藩置県への難問題

十五代将軍慶喜の千古の英断により、江戸幕府は見事に倒壊しましたが、維新の後にも幕藩体制が完全に終焉しなかったのは、大政奉還が事実上は「幕政の奉還」だったことに加え、倒幕戦争の勝利者となった西南雄藩の領国支配権が以前にもまして強力になり、日本の財政と軍事面の大半を押さえていたからです。

大政奉還を受けた新政府にとって、維新の理念を実現するためには、幕領に続いて諸大名の版籍をことごとく回収し、行政権を唯一の中央政府に集中する「郡県制」への移行が焦眉の急務ですが、これを直ちに実行しなかったのには、決定的な理由があったのです。

それは、戊辰役で安易に戦勝を手中にした「長州卒族」と「薩摩農士」が、恩賞として加増を望んでいたからです。それだけではなく、藩主の島津・毛利家にもまた同じような心情があることを察していた下士《かし》たちは、新政府の首脳として旧藩解体を断行する決意に欠けていたのです。早くも現実の壁に突き当たったのです。

「勤王思想によって大政復古の大業をなしとげた」というのは、明治も半ばを過ぎてから生まれた薩長史観による後講釈で、維新直後の長州藩内は、「徳川に勝って関ヶ原の怨《うら》みを晴らしたが、われらの禄高はどれほど増えようかの」などと浮かれる始末で、とても郡県制を言い出すどころではありません。

新政を開始したばかりの新政府の参与・総裁局顧問となった木戸孝允は慶応四（一八六八）年二月、郡県制への移行（廃藩置県）の前段階として版籍奉還を急ぐべきことを、政府の最高首脳の三条・岩倉に建白します。これが時期尚早とされて却下された理由は、折からたけなわの戊辰戦役ではなく、倒幕戦争の主体であった島津家・毛利家・山内家・鍋島家が、自らの版籍を無償で新政府に差し出すはずがないからです。

王政復古はしたものの郡県制移行の動きが停滞したのは当然で、このまま放置すれば維新は単なる政権異動に終わってしまい、「堀川政略」の筋書きから逸脱してしまいます。國體天皇の命を受けた伊達宗広が、苦心のうえに設計した「オホヤケの代《よ》」は到来しないのです。

もう一つの要因は、日本政治に古来染みついている「先送り体質」です。現に今日も占領憲法の改正が懸案となりながら半世紀も進まない真因がそれですが、この体質は、アジア・モンスーン地帯の風土に育まれた倭人文化に起因すると思われます。発酵食品を好むせいか万事において自然発酵を待とうとしますが、太平洋が天然の要塞であった中世はともかく、艦船の発達で地球が狭くなった近世で、百年河清を待つことは必ず外寇《がいこう》を招きます。

計画性のない先送り体質を有する日本社会では、現実政治に教科書的な民主主義を適用していては国民意識に隙間が生じ、そこが必ず外敵に狙われますから、それを防ぐために意図的に「破断界《はだんかい》」を作って理念を先取りしなければならないのです。政治家の責務は本来ここにあり、浮薄な民意に軽率に迎合して没落の運命を共にすることではないのです。

一皇万民の「オホヤケの代」は天皇制真正社会主義

「堀川政略」によって明確に規定された維新の根本目的は、単なる政権の交代ではなく、「一皇万民の代」の実現なのです。これを「オホヤケの代」と呼ぶのは天皇にはワタクシがないためで、国民の代表でもあるからです。

「一皇万民」とは、平等な万民が形成する分業社会の中心には「皇室」という「核」があるべきとする政治思想で、私の用語では「天皇制真正社会主義」です。

「堀川政略」の進捗を懸念する國體参謀本部は、諸大名からの版籍奉還を推進するため、古くから國體奉公衆の酒井雅楽頭《さかいうたのかみ》を「敗け組」の代表に選び、「維新理念に遵《したが》う」との名目で率先して藩籍奉還を出願させます。一方、それとは逆に、「勝ち組」に対しては版籍奉還の代償を用意しましたが、これについては後述します。

ここで難題は、身分と家禄を世襲により保証されていた武士階級が世襲身分を失い、今後は個人の能力をもって生きていかねばならないことです。ごく短期間の倒幕戦に参加しただけで、易々と新政府の権力を掌握した薩長下士たちが、戊辰戦役の真相を片八百長の恩賜革命と気がつかなかったのはやむを得ませんが、その指導者の大久保らが成功した革命家の通例として権力に酔ってしまい、「一皇万民の天朝の世」と「公議政体の実現」をめざした維新の理念を、ともすれば放棄したがるようになったのは、自然の成り行きです。

ところが、維新の目的たる「オホヤケの代」の要素は「郡県制の実施」と「軍権の政府集中」です。これを実現することは、維新の功績を自認する薩長土の藩主・藩士たちが自らの歴史的特権および戊辰革命による戦利特権を制度的に放棄することを意味します。実行できない公約を掲げたのに、たまたま政権を取ってしまった某政党のように自縄自縛に陥ったのです。

郡県制を実現する方法は具体的には「廃藩置県」です。各藩には領主がいて、これに臣従する家老をはじめ数多くの藩士が藩行政に携わり、藩軍を維持しています。これがすなわち「藩」ですから、藩を廃止するためには、藩に代替しうる行政組織すなわち「県」を藩の廃止と同時に用意しなければなりません。

よって廃藩置県の実行には、①県を新設してから藩を解体する、②藩が解体したあと県を新設する、あるいは③藩が頭だけ変えて県に移行する、しか方法はありません。

①は、全国の県に配置するだけの人材がおらず絶対的に無理です。②は、地域行政に時間的空白が生じて社会は混乱します。そこで③しかないのですが、幸いなことに、徳川慶喜が旗本領を含む将軍家の全所領を自発的に朝廷に奉還したため、これと佐幕藩から没収した所領を新政府は直轄の府・県とし、その知事・判事（副知事）として維新志士と勤王公家たちを派遣しました。

つまり③を採用したわけで、新政府は府・県に派遣した政府官僚たちに、地方行政の実地訓練をさせながら、やがて実施すべき廃藩置県に備えていたわけです。

日本列島全体を、幕藩体制から郡県制に一気に改変するのは、手順として絶対に不可能ですから、前段階として、まずは諸大名の版図（所領）と戸籍（領民）を新政府に引き渡す「版籍奉還」を実行せねばならないのです。

しかし新政府には、藩領をムリヤリに取り上げるほどの決意も実力もありません。戊辰戦役に不参加だった諸藩は、表面はともかくも肚《はら》では新政府に心服していません。

だいいち各藩主は、版籍を先祖が家臣と共に闘い取った私有財産と見なしており、家臣たちも間接的に版籍に対する私有意識を抱いていますから、たとい相手が皇室であろうと無条件で奉還する気にはなれず、まして薩長土肥と一部の公家がにわかに拵《こしら》えた新政府に、タダで贈呈する気になるはずもありません。

維新に参加・不参加にかかわらず、もともと発想がなかった所領の朝廷への奉還を、勝ち組の四藩が進んで申し出たのはなぜか。

史家は、これを「維新の大義」に遵ったものと説明してきましたが、果たしてそうでしょうか？

戊辰の敗者が率先して願い出た版籍奉還

明治元（一八六八）年十一月、酒井雅楽頭忠邦《ただくに》が姫路藩十五万石の返還を出願します。酒井忠邦は姫路藩主で、あの世界遺産「姫路城」の城主です。

出願名義人は十四歳で、半年前に養子に来たばかりですから、自らの判断ではありません。新政府から佐幕行為を咎《とが》められた藩主忠惇《ただとし》を隠居させた家老たちが、養子忠邦を擁立して藩の存続を図るために計らった、とみるのが通説です。

まず、この間の事情に触れた拙著『欧州王家となった南朝皇統』を以下に抜粋します。

〔陸奥〕宗光本人が『小伝』で述べたところでは、大阪府権判事在任中すなわち慶応四年六月から明治二年正月までの間に、兵庫県知事伊藤博文と交遊し、時には数十日も伊藤邸に泊まりこんで国事を論じていましたが、兵庫県の隣藩の姫路藩主酒井忠惇が版籍（領地と人民）を奉還して兵庫県に移し、自分は静岡へ逝って旧主徳川慶喜に仕えることを奏請したい、と伊藤知事に出願しました。

その際、たまたま会合中だった宗光に、このことを話した伊藤が、廃藩置県の必要を述べたところ、宗光もこれに大賛成して廃藩置県論を建言することを約します。そこで宗光は、伊藤兵庫県知事と、当時兵庫県判事（五等官）だった義弟の土佐藩士中島信行（後男爵）と共に入京して、廟堂で廃藩置県を痛論したところ、問題があまりに複雑のため、伊藤は長州保守派の忌むところとなり、一時は降格されたほどで、明治四年七月十四日に実施された廃藩置県には、伊藤と共に自分もいささかの功績があった、と『小伝』で述べています。

右の拙文は、今見ると曖昧でかつ一部に誤解があり、読者の誤解を招きかねないので、ここで補正いたします。

まず、原資料をみるに、『明治史要』慶応四年五月二十日条に「酒井忠惇ニ蟄居ヲ命シ、（時ニ忠惇江戸ニ在リ、遂ニ藩ニ逝カス）養子忠邦ヲシテ其封ヲ継キ、軍資金十五萬両ヲ献セシム」とあります。これを表面だけ読めば、幕末維新のころ随所で見られた藩内の勤王派と佐幕派の相克ですが、姫路藩酒井雅楽頭家については、そのような観方では判断を誤ります。

そもそも井伊家と酒井家は、國體天皇伏見殿が徳川家康の旗揚げに際して派遣した國體奉公衆の双璧で、徳川四天王のなかでも別格とされ、代々幕閣に入って江戸幕府を支えてきました。大老として安政の苦境を乗り切った井伊《いい》掃部頭《かもんのかみ》直弼《なおすけ》が万延元（一八六〇）年に桜田門外の雪に消えますが、その後を受けたのが酒井雅楽頭忠績《ただしげ》です。

万延元（一八六〇）年に五千石の旗本酒井家から養子入りして姫路藩を継いだ忠績は、文久二（一八六二）年に京都所司代臨時代行として文久テロリズムに対応した功績で、文久三（一八六三）

年にいきなり老中首座になり、さらに慶応元（一八六五）年に幕府最後の大老になります。

元治元（一八六四）年の禁門《きんもん》の変の後、尹宮《いんのみや》（中川宮）朝彦親王と将軍後見職一橋慶喜が相携えて建てた「一尹《いちいん》政権」が事実上政治の最高機関となり、「堀川政略」を進めますが、この間、老中および大老として江戸幕閣を固めることで一尹政権を陰で支えていたのが酒井忠績です。慶喜の忠臣酒井忠績は、病を得たため慶応三（一八六六）年二月に隠居し、十二歳下の実弟忠惇を養子にして姫路藩を継がせます。

大老として藩政を顧みるいとまがない兄に代わり、以前から姫路藩政を見ていた忠惇は、慶応三年十月の大政奉還後、大坂にいた慶喜に呼ばれます。慶応三年十二月三十日、大坂城で幕府最後の老中に任じられた忠惇は、七日後の慶応四年正月六日、戊辰の役で敗れて江戸へ帰る慶喜に随従したまま、姫路藩に帰らなかったのです。『明治史要』が「江戸ニ在リ、遂ニ藩ニ逝カス」というのはこのことです。

慶応四年二月、江戸幕府の崩壊により老中を辞職した忠惇は新政府から賊徒とみなされて三月七日に官位を剥奪され、入洛を禁止されます。当主が官位を剥奪されたうえ、新政府から追討命令を受けた岡山池田藩によって開城させられた姫路藩は、藩の取り潰しを避けるために、忠惇が隠居し伊勢崎藩主酒井忠恒の子忠邦を養子にして、家督を相続させようと図ります。

これが新政府に聴き入れられ、五月二十日をもって条件付きながら、忠惇の隠居と忠邦の家督相続が認められます。

酒井雅楽頭が兵庫県知事に版籍併合を出願

これに先立つ五月五日、先代藩主忠績は、現藩主忠惇の佐幕的姿勢に向けられた新政府の疑いを晴らすため、若狭小浜藩主酒井忠禄《ただとし》を通じて征討大総督府に版籍奉還の嘆願書を提出していました。内容は、「今後は旧主慶喜に仕えるために版籍を奉還したい」ということです。

陸奥宗光が『小伝』で述べる姫路藩の版籍奉還出願を、この嘆願書と同一物とみたのが、拙著の誤りと判りました。それでは真相はどうか、以下に見ていきます。

(一) 新政府に版籍奉還を嘆願した藩主は忠惇か忠邦か。五月五日の忠績嘆願書で慶喜に仕えたいと願った藩主は忠惇で、兄の忠績がそれを代弁する形を取ったと私見は考えます。

もっとも、陸奥宗光の『小伝』の原文は、「兵庫に鄰《とな》る姫路藩は、その版籍を奉還し土地人民を兵庫県の管轄に移し、藩主酒井氏は自ら静岡に往き旧主徳川氏に仕へんことを奏請ありたき旨を同知事まで出願せり」とあり、藩主の名を挙げていません。

(二) 嘆願の時期、です。五月五日の忠績嘆願書は新政府に出願されたもので、兵庫県知事伊藤博文が実際に見たとは思えません。陸奥が伊藤から姫路藩の一件を聞いたのは大阪府権判事になった六月二十二日以降です。

江戸開城のあと水戸へ遷《うつ》った慶喜は、弘道館の至善堂で謹慎しており、五月五日の時点では静岡へ遷ることは予想されていません。慶喜が静岡行きを決意するのは、水戸へ帰って来た敗残兵に仰がれて官軍に抗戦する事態を避けるためで、その時期は東北戦争の結末が見えてきた五月末です。大総督府が慶喜の西遷を許可したので、七月十九日夕に水戸を発った慶喜は海上を移動して七月二十三日に駿河湾に上陸し、駿府の宝台院に入ります。

したがって忠惇が五月五日に「自ら静岡に往き旧主徳川氏に仕へん」と言い出すはずはありません。姫路藩の嘆願を伊藤から聞いたときの陸奥が、大阪府権判事になったのは六月二十二日以後ですから、『小伝』の方が時期が合います。

(三) そう考えれば、「奏請ありたき旨を同知事まで出願」の意味も明快に判明します。つまり慶喜の静岡行きが決まった七月以後に、姫路藩主が五月の嘆願書とは別に、「版籍奉還に関し新政府首脳へ奏請してほしい」と兵庫県知事伊藤博文に求めてきたのです。趣旨は五月と同じでも、今度は新藩主忠邦の名義で、しかも内容は具体的で、「姫路藩の版籍を兵庫県が引き取ること」および「自分は静岡に往き慶喜に仕える」としています。

(四) これをもって、(一) が解決します。静岡へ逝きたい藩主とは誰か。五月の嘆願書は忠績が蟄居中の忠惇を代弁したものですが、この兄弟は一枚岩ですから、どちらとみてもよいのです。しかし陸奥がいう出願は七月以降のものですから、「藩主酒井氏」とは現藩主の忠邦です。

結局、姫路藩主酒井忠邦が伊藤兵庫県知事に対して出願したのは、①姫路藩の版籍を兵庫県が引き取ること、②自分が静岡へ逝くことの許可を新政府に奏請してほしいこと、です。忠邦が養子入りした事情からすると、藩主忠邦がせっかく存続した藩を捨てて、自ら静岡行きを望むのは不自然のようですが、これについては後で考えます。

版籍奉還を先駆けした姫路藩の背景

慶喜の江戸戻りに随従したことで、藩主忠惇が朝敵とされて存亡の危機に陥った姫路藩は、五月二十日、隠居のうえ江戸謹慎を命じられた忠惇が、藩主を養子忠邦に譲り、かつ十五万両を征討大総督府に軍資金として献上することで存続を許されました。

しかし五月五日の嘆願書で、「逆賊慶喜の家臣をあくまでも貫く」と言明した忠惇の立場が問題として残ります。対応に迫られた姫路藩では、藩主忠邦と重臣が、新政府への恭順の意を表すよう忠績に懇願しますが、忠績は応じないうえに蟄居中の忠惇も同調します。

そこで姫路藩はやむなく、前藩主兄弟の新政不服従を、藩内佐幕派の責任に転嫁して粛清に乗り出し、多数の家臣を処分して天下に衝撃を与え、この

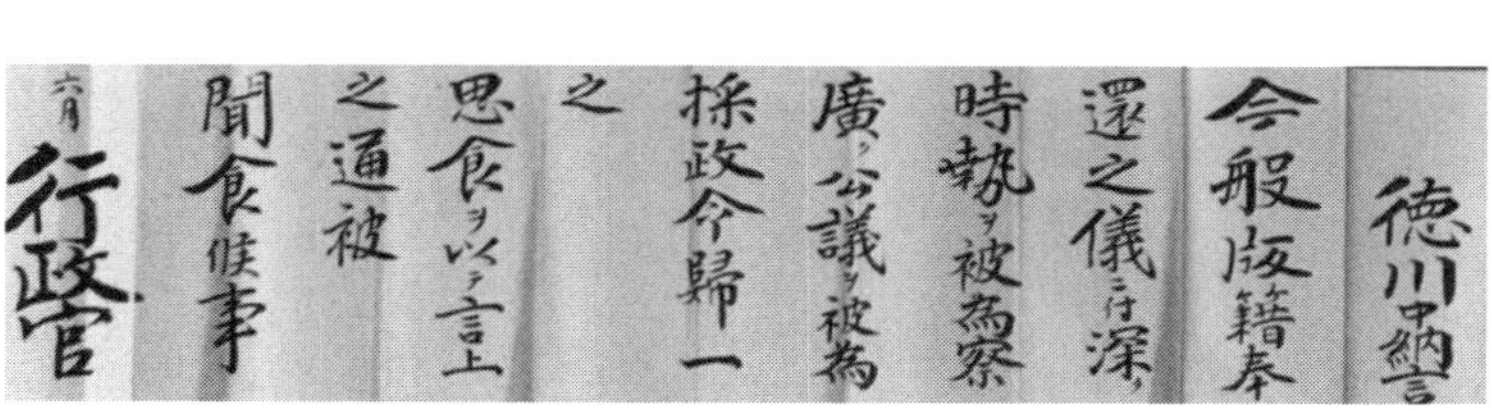

紀州藩主徳川茂承に対する行政官の奉還許可書（著者所蔵）

後の明治元年（九月八日改元）十一月に元家老河合屛山《かわいへいざん》の進言で諸藩に先駆けて版籍奉還を建白します。

これを今日の通説は、「背景に財政問題や戊辰戦争における藩内の内紛があった」とします。内紛とは忠節派の前藩主兄弟と恭順派の現藩主の対立のことで、財政問題とは藩財政の赤字のことですが、表面を見ただけの史家は、そのように説明するしかないのでしょう。

しかし歴史事象をそのように矮小化していては、明治維新の全体像は絶対に見えません。姫路藩の藩籍奉還の建白は、実は「堀川政略」を進めるため、姫路藩が版籍奉還の先鞭を付けて諸藩に範を示すことを國體天皇から指示された慶喜が、酒井家にこれを命じたものとみられます。ゆえに、明確な目的意識を伴った国事（國體事項）なのですが、ひたすら藩の永続しか考えていない諸藩から見れば、版籍奉還を自分から言い出すなど正気の沙汰ではありません。その非常識を姫路藩が敢行した理由は、姫路藩だけを見ていては判るはずもないのです。

最近の研究によれば、姫路藩からの版籍奉還の建白は十一月と十二月に二度にわたり提出されています。十一月の方を新政府が見過ごした理由は、①攘夷政策廃止を謳っていないこと、②版籍奉還を明確に打ち出していないこと、とされています。

ゆえに新政府に衝撃を与えたのは藩籍奉還を明確に打ち出していた十二月の方です。

第二章

版籍奉還の立役者は「國體参謀」

薩長土肥に版籍奉還させた木戸孝允

「堀川政略」の維新工程の中で戊辰・函館の両戦役にはるかに勝る重大事が版籍奉還です。新政府の内側でも維新理念を重んずる参与木戸孝允が、早くも薩長土肥の四侯に版籍奉還を促す動きを見せます。

木戸参与のこの動きを知らない兵庫県知事の伊藤博文は大阪府権判事の陸奥宗光と語らい、明治元年（慶応四年を改元）九月十七日と十一月に「版籍と軍権の政府集中」を建言して、「五州各国と並び立たんと欲するや、世禄《せいろく》の制をもって国政を立てる不能は人々の知る所なり」との声を挙げます。「世禄の制」とは身分制すなわち封建制度のことです。

九月十八日、大久保利通と極秘裏に会談した木戸が、版籍奉還の実施を大久保に要請すると、協力を約した大久保が奔走して薩摩藩論を同意させます。さらに、土佐侯山内容堂と会談した木戸が土佐藩の同意も取り付けると、続いて肥前藩も同調します。

木戸による薩長土肥の版籍奉還促進こそ明治維新の最大の山場ですから、木戸はこれを極秘裏に行っていましたが、さすがに伊藤は嗅ぎ付けます。伊藤は木戸の弟分ですから、木戸の方からリークしたのかもしれません。

兵庫県知事の伊藤は、「薩長土肥四藩に版籍奉還の動きがある」との噂を聞きつけ、陸奥宗光の義弟で兵庫県判事中島信行《なかじまのぶゆき》（土佐藩士）と同県権判事田中光顕《たなかみつあき》（土佐藩士）、および同県出仕何礼之《がのりゆき》

（長崎出身の英語教授）らの部下に、弟分の大阪府権判事陸奥宗光を加えた五名の連名で、明治二（一八六九）年正月に六条からなる「国是綱目」を政府に建白します。

兵庫県知事伊藤と部下の中島判事・田中権判事・何出仕《が》らの職員が行った建白に、部外者の陸奥が連判しているのは不審ですが、その理由を明快に説明したものは見かけません。実は、この「国是綱目」は、廃藩置県を促進する方策の一環として陸奥が、兄貴分の伊藤にしむけて提出させたものですから、起案者として陸奥が連判したのです。

大政復古をした以上、天朝（天皇のこと）に版籍を奉還するのは当然の筋道ですが、封建意識が強く歴史的特権に固執する武家社会の現実に直面した新政府が、実行を「なし崩し」にせざるを得ないと覚りながら、公言できないでいたところを、伊藤と陸奥が衝《つ》いたのです。木戸の弟分が伊藤で、その弟分が陸奥ですが、新政府の内側から、版籍奉還とこれに続く郡県制移行（廃藩置県）を進めたこの擬似三兄弟こそ新政府内の國體派の中核です。

もっとも、新政府首脳が居並ぶ席で参与後藤象二郎が「国是綱目」を大声で読み上げたところ、三条・岩倉の両輔相をはじめ居並ぶ参与たちがただ黙然と聞き流したのは、実は新政府の側でも四藩出身の参与が、各藩主に版籍奉還を秘かに働きかけていたからです。

明治二（一八六九）年正月二十日、木戸工作の成果として、薩長土肥の四藩主がそろって版籍奉還を建白し、これが契機となって各藩がさみだれ的に版籍奉還を実行します。

『明治史要』明治二年六月十七日条に、「勅シテ、諸藩版籍奉還ノ請《こい》ヲ聴《ゆる》シ、其請《そのこ》ハサル者ハ奉還ヲ命ス。乃《すなわ》チ前田慶寧《よしやす》、島津忠義以下二百六十二人ヲ以《もっ》テ、知藩事ト為《な》ス」と記すように、諸藩から

薩長史観の史書が決して触れない素性の持ち主・木戸孝允

版籍奉還の要請があれば聴きいれ、要請がない藩には政府から奉還を命じたのです。

これによって加賀前田藩主以下二百六十二人の旧藩主が、改めて知藩事に任命されます。これに先立つ十一月と十二月に姫路藩主酒井忠邦が他藩に先駆けて行った版籍奉還の建白は近来史家に高く評価され、忠邦は明治の先覚者として、その名を歴史に留めています。

これまで薄給で苦しんできた長州卒族や薩摩農士たちにとっては、旧藩領の保全よりも、主君の所領を公領化して生まれた新財源を、俸給として再配分してくれた方が望ましいはずですが、歴史的既得権を失う藩主と重臣・士族たちはそうはいきません。

にもかかわらず、勝ち組の四藩が自ら進んで所領を朝廷に奉還した真相は何なのか。結論から言えば、長州藩主毛利家は、三十七万石の版籍を手放す代わりに全国の「土建談合利権」を得たのです。毛利家だけでなく、薩摩島津家には「警察・文部利権」、土佐山内家には「海運利権」、肥前鍋島家には長崎の「軍港利権」を与えることを密約することで版籍奉還を申し出させたのです。

このうち軍港建設は紀州藩に潜んでいた國體参謀・伊達宗広が建てた案と仄聞しています。

この交換条件を懐に秘めた木戸参与は、まずわが主君の毛利侯を落として自信をつけ、次に警察・文部利権を薩摩藩に与えることで納得させた大久保を島津久光説得に向かわせ、山内容堂とは直談判して海運利権を保証し、最後に鍋島家には事実上の領地長崎に大軍港を建設する予定を示して版籍奉還に同意させたのです。

単身でこれだけのことを成し遂げたことで、明治維新で最大の功労者というべき木戸孝允の素姓は、もとより常人ではありません。木戸の〝正体〟を探るのも本稿の目的の一つです。

版籍奉還の見返りとなった各種の「談合利権」

郡県制の早期実施を掲げて伊藤博文と「兵庫論」を主張した陸奥宗光は、自ら著した『小伝』で、「郡県制は問題があまりに複雑のため、伊藤は長州保守派の忌むところとなり、一時は降格されるまでになった」としか述べていません。後年になってわざわざ著した『小伝』で、陸奥がこれしか書けなかったことに大きな含意があることは誰しも感じるはずです。

長州藩内の保守派は廃藩置県に猛反対で、さしもの周旋家の伊藤博文も藩内をまとめるどころではなく、保守派の反撃を受けて兵庫県の知事から判事に降格されたのです。伊藤が長州保守派に憎まれた理由について陸奥は、「この顚末はすこぶる重要にして且つ錯雑なる結果を惹起し」としか書いていません。

「すこぶる重要にして錯雑なる結果」とは、抑制的な文章家の陸奥にしては大袈裟な表現です。『小伝』は、陸奥が外務大臣になった明治二十五（一八九二）年以後に書かれたものですから、「この顚末が惹起した結果」が一時的性格のものなら、とっくに解消している頃合いです。

それを陸奥が、わざわざ「重大かつ複雑な結果をもたらした」というのは、伊藤が起こした廃置県促進工作の結果が、明治中期を過ぎても、なお「重要かつ錯雑なる」問題として存在していたからです。つまり、ことが毛利氏による単純な版籍の「出し惜しみ」ではなく、重要な利害が錯綜する結果となって現に存在するので、陸奥はそれ以上を語らないのです。

私見はその問題を、「版籍奉還ないし郡県制移行の代償」と推察しますが、具体的内容はもとより、そもそも史家がこのことに注目したことさえ浅学にして知りません。

ところが最近になり、「毛利家が版籍奉還と引き換えに全国の土木利権を要求し、これを獲得した」と仄聞してようやく腑に落ちました。毛利氏は古代のスーパー・ゼネコン土師《はじ》氏が改姓した大江氏の分流です。

土師氏の本流菅原氏から出た右大臣菅原道真が、北家の左大臣藤原時平との政争に敗れた「昌泰《しょうたい》の変」以来、土師氏一門は逼塞《ひっそく》したとみられています。ところが、これは大きな誤りで、天満宮が全国的に祀られているのを見ただけでも、「昌泰の変」で公家社会を見限った土師氏勢力が、地方土建界に進出して強力な根を張ったことを察せねばなりません。

日本の社会構造の著しい特色は「談合社会」で、その根底にあるのが土師氏が主宰する土建談合です。土師氏分流大江氏から出た毛利家は、本流菅原氏から出た加賀百万石の前田家と並んで土師氏の中心勢力となっていたのです。その毛利家が、防長三十七万石の版籍の奉還と引き換えに、全国の土木建設利権の元締めの地位を得た経緯はまだ判りませんが、ここに「大林組」が出てくることを備忘的に書き留めておきます。

さて、陸奥が言う「伊藤の降格」を検証しますと、慶応四（一八六八）年五月に兵庫県知事（三等官）に就いた伊藤は、たしかに明治二（一八六九）年四月十日に兵庫県判事（四等官）に降格されています。伊藤の後任知事となった公家の久我通城《こがみちくに》（のち北畠姓）は五月十九日に辞任、その後任の徳島藩士中島錫胤《なかじまますたね》も六月一日に退任し、結局、摂津県改め豊岡県知事（四等官）の陸奥宗光が伊藤の後任の兵庫県知事（七月八日の改正で四等官）に就任するのは六月二十日です。

伊藤の降格が急だったため、本格的な後任が決まるまでの臨時知事となった久我と中島は、辞令だけで実際には赴任していません。伊藤の本格的な後任知事となったのは、豊岡県知事から横滑りしてきた陸奥宗光です。

その陸奥も一カ月も経たない七月十七日に免官になります。〝何か〟が動いているのです。

「オホヤケの代」をもたらした酒井雅楽頭の大和魂

旧幕府で最後の大老となった酒井雅楽頭忠績《さかいうたのかみただしげ》と、同時期に最後の老中となった酒井雅楽頭忠惇《ただとし》は実の兄弟で、蟄居《ちっきょ》を命じられていましたが、明治元（一八六八）年九月十四日（九月八日に改元）

をもって、実家の静岡藩士酒井忠恕方《ただひろ》に終身同居することを許されます。同居先の静岡藩士酒井忠恕は元五千石の旗本で、忠績と忠惇との間の弟ですから、「静岡で慶喜に仕えたい」とする両人および忠恕の願いを新政府が容《い》れたわけです。

徳川家康の天下平定は、國體奉公衆の酒井家が資金を提供し、賀茂神社の神官本多家と協力して支援したことに始まるため、家康は酒井家の「カタバミ紋」と本多家の「立葵紋」を組み合わせた「三つ葉葵紋」を創って徳川家の家紋としました。

大名の酒井家は三家に分かれ、播磨姫路十五万石の雅楽頭家と出羽荘内十七万石の左衛門尉家と若狭小浜十万余石の修理大夫家ですが、家門の中心は幕閣の大老になる雅楽頭家です。

ちなみに私は、平成八（一九九六）年に京都皇統に近い某筋から吉薗明子氏を通じ、「酒井雅楽頭が天海僧正の第四席」と聞きましたが、当時はその意味を覚ることができず、雅楽頭が初代重忠《しげただ》のことか二代忠世《ただよ》のことかも判らなかったので、聞き過ごしてしまいました。今では、國體奉公衆の中での雅楽頭家の序列と覚りましたが、それでは首席から三席までは誰なのか、また井伊掃部頭《いいかもんのかみ》は何席なのかに興味を覚えますがそのうちに判るでしょう。

酒井雅楽頭の所領は数度の転封の結果、当時は姫路に在りましたが、もとは東照神君より藩祖酒井重忠が頂戴したものですから、これを奉還するごときは深刻な重大事で、藩主といえども勝手に決められるはずはありません。

まして忠績・忠惇兄弟は元旗本ですから、幕府の崩壊後にも徳川慶喜を主君と仰いだのは当然で、慶喜の許しを得ずに版籍奉還することなぞ絶対にあり得ません。

前著で陸奥宗光を調べた際には版籍奉還に重きを置いていなかったので、陸奥の『小伝』を一覧しただけの私は、「酒井忠惇が伊藤兵庫県知事を直接訪ねて、『静岡に逝って将軍慶喜への忠誠を尽くしたいから姫路藩の版籍を兵庫県へ奉還したい』と出願したとき、たまたま宗光が伊藤と会合中だった」と解釈したのですが、これが誤りと判り本稿では前述のように訂正しました。

酒井雅楽頭が諸藩に先立って版籍奉還の動きを見せた主旨は、木戸の行っていた四藩工作を側面から支援するためだったのです。

一滴の流血も伴わなかったことから、ともすればその意味が忘れられがちな版籍奉還ですが、実際には戊辰戦役や箱館戦争よりも深刻な重大事だったのです。前に述べた、忠積が忠惇を代弁して政府に出した五月五日の嘆願書は、慶喜の了承を得ていたとみるしかないのです。

鎌倉幕府の開基から六百年を経て、武士たちの念頭には、政治制度といえば封建制しかありません。封建制度では、主君の代替わりに際して改めて君臣関係を確認します。家臣の相続においては、先代の所領を確認されるのを「安堵《あんど》」といい、武士たちが最も重要視したことです。

封建制では世禄の相続の確認が最大の重要事項ですから、版籍奉還の実施原案には、「知藩事は世襲とする」との条項があり、これを木戸が削除します。ことほどさようで、版籍奉還を進めた木戸の「堀川政略」維新工程における功績は大きいのです。

王政復古のことを「徳川家から天朝への代替わり」と理解して、「版籍を奉還すれば所領が安堵される」、との期待が当然だった時代に、酒井雅楽頭が進んで版籍奉還を申し出た意味を、現代人は思い起こす必要があります。ここに込められたものこそ武士の魂で、「オホヤケの代」をもたらした大和魂なのですから。

「姫路十五万石」を投げ出しての嘆願

さて、旗本出身として、姫路藩の存続よりも慶喜への奉公を重要と考えた酒井忠績・忠惇の兄弟が、静岡に隠棲して国事に当たる慶喜の介添えを望み、藩主自らが姫路藩を〝脱藩〟して静岡へ赴こうとした心事は理解できます。

一方、後継姫路藩主の酒井忠邦は、親朝廷派の立場を明示するため新政府に恭順するよう、前藩主と前々藩主に懇願します。これを、「忠邦は出自が旗本でなく諸侯で、藩存続を至上と考える家臣たちに囲まれていたから」とみるのが通説です。

それなら、その忠邦が、七月になって「藩を捨てて駿河に行きたい」との奏請を伊藤に託したのは、いかなることでしょうか。

そもそも「藩」とは維新後の用語で、大名の所領を公法人と解釈したことから出た概念です。幕藩体制下では「家」と観念されていた藩から藩主が脱出するのは幽体離脱みたいなもので、理論上あり得ないことなのです。

ゆえに、慶喜に仕えるため大名酒井家を出ることを希望する忠惇は、そのためなら「姫路十五万石を投げ出してよい」との気概を示したのです。もっとも、できれば姫路藩を維持したいのが本心ですから、養子の忠邦に命じてあの芝居を打たせたのです。

江戸で蟄居を命ぜられていた忠惇は九月になり、蟄居のままで兄忠績とともに実家の静岡藩士酒井家で同居することを許されます。姫路藩主酒井忠邦が伊藤兵庫県知事に自藩の版籍を併合する奏請を依頼したのはその後のことです。これは駿河にいた忠惇が、慶喜の命令を受けて、忠邦に版籍奉還指図したのです。でもないと藩主単独の判断でそんなことをやりません。

姫路藩主忠邦が、前藩主にあえて逆らう形で姫路藩を存続させながら、版籍を奉還して「自らは駿河へ行って慶喜に仕へん」と言ったのは、以前の行動と一見矛盾しますが、私見はこれを「版籍奉還後の身の振り方を示したもの」とみます。

版籍奉還後のことは、前藩主を知藩事として残す宥和政策がまだ決まっていなかった時期ですから、奉還後の藩主の身の振り方を、忠邦がこの形で示したものとも考えられます。ともかく、酒井忠邦は、この建白で開明派大名の英名を歴史に残しました。

徳川慶喜が命じた姫路藩の奉還建白

明治元（一八六八）年十二月に姫路藩が建白した版籍奉還が政府内に反響を生じると、同月に前藩主酒井忠惇が「徳川亀之助預リ」とされます。九月に「実弟預ケ」となったばかりの忠惇が、十二月に「徳川亀之助預リ」となったのは、版籍奉還と関係があるのでしょうか。

徳川亀之助とは、慶喜の後を継いで「十六代様」と呼ばれた徳川家達《いえさと》です。文久三（一八六三）年生まれで、慶応四（一八六八）年閏四月二十九日に六歳で慶喜の跡の徳川宗家を相続し、五月二十四日に駿府藩主となり、左近衛中将となって徳川新三位中将と呼ばれます。

明治二（一八六九）年六月の版籍奉還によって静岡藩知事に就いた家達は、八月九日に東京を発って赴任しますが、明治四（一八七一）年七月の廃藩置県で免職となり、東京へ帰住して千駄ヶ谷に住みます。

忠惇の蟄居を解かないまま静岡藩主徳川亀之助に「預リ」としたのは、静岡における忠惇の管理責任を徳川家に負わせたことを意味します。忠惇の「蟄居・預リ」が解かれるのは明治二年九月です。この「徳川亀之助預リ」で思い出すのは、『明治史要』明治五（一八七二）年二月十二日条で、「慶応四年に海外に出奔した旧幕府大目付塚原昌義が、明治四年四月に徳川家達を介して自首してきたのでその邸に幽閉させていたが、今回その罪を宥《ゆる》す」という趣旨です。

塚原昌義は小栗忠順の腹心となった國體奉公衆で、役職は若年寄まで出世して小栗を超えましたが、腹心であることに変わりはありません。鳥羽伏見役では幕軍副総督ですから、戦犯としての処罰は当然で、「徳川家達にお預け」は寛大な処置です。

これより先、フィラデルフィアの小栗忠順の命を受けて秘かに帰国していた塚原は、明治四年四月に用件が終わったので自首したのです。用件の第一は、在米大塔宮としての小栗が、岩倉に訪米を命じることにありました。塚原はその命令を、岩倉に日夜接していた大隈を通じて岩倉に伝えたと考えられますが、それが岩倉使節団計画になるのです。

通説は、明治四年三月に参議兼各国条約改定御用掛となった大隈が、フルベッキのブリーフ・スケッチに基づき、自身が団長として欧米を巡遊するつもりだったところ、その計画を岩倉に乗っ取られた、と説明します。

大隈も準岳父の小栗に会いたいはずですからそれも頷けますが、小栗の目的はあくまでも岩倉と面談して日本の国是を論じることにあり、大隈との面談は必ずしも不可欠でなかったのです。

小栗から預かったメッセージを大隈に伝えた塚原が四月に自首すると、その身柄を静岡藩知事徳川家達に「預ケ」たのは、おそらく大隈の計らいです。

聞くところでは、徳川亀之助（徳川家達）には実父田安慶頼《たやすよしより》と同じ持病があったため、知藩事となっても実際は静岡に赴任せず、持病の療養に適した千駄ヶ谷の別邸に住んでいたそうです。慶喜公のお召を受けた國體奉公衆は、亀之助不在を承知のうえで、「亀之助様拝謁」を名分にして静岡を訪れ、慶喜公から直接下命を受けていたそうですから、塚原は小栗の近況を慶喜に伝え、また慶喜から小栗への伝言を承るために「静岡預ケ」とされたとみるべきです。

旧幕府で最後の大老となった酒井忠績

慶喜を継いで「十六代様」と呼ばれた徳川家達

これより先、旧大老酒井忠績が実弟の旗本酒井録四郎忠恕の静岡宅に同居を許されて慶喜に仕えていましたが、末弟の旧老中酒井忠惇も二月三日から録四郎宅での同居を許されます。表面上は「徳川亀之助預リ」の酒井忠惇が実際は慶喜に仕えていたので、塚原も四月に自首して「徳川家達ニ預ケ」となったわけです（亀之助＝家達）。塚原が、録四郎の家を訪ねて幕閣時代の上司酒井忠績と懇談したのは当然です（小栗が在米大塔宮になった経緯については拙著『欧州王家となった南朝皇統』参照）。

静岡に引退した慶喜公を、安楽無為な日々を送る好々爺と描くのが巷間史家の常ですが、その見識の低さは見るに堪えません。謎が多すぎる慶喜の静岡閑居の解明を試みた史家がいなかったのは、深入りすると維新の実情に触れて薩長閥に睨《にら》まれることを畏れたからと思われますが、ともかく明治初年史を解くカギは、静岡に隠居中の慶喜の行蔵の鑑識に掛かっています。

そもそも、万延元（一八六〇）年に酒井忠績が姫路藩主を継がされたことじたい、「堀川政略」の幕末工程の一環で、禅楽（邦家親王）の下命と推察されます。

文久二（一八六二）年に京都に赴き京都所司代代行となった忠績は、文久テロリズム（一八六三年）に対応した功績で老中首座となり、やがて大老となって幾多の重責を果したのち、慶応三（一八六七）年二月に隠居して姫路藩主を弟の忠惇に譲ります。

姫路藩主酒井雅楽頭となった忠惇は、慶応三年の大晦日に最後の老中になり、慶喜に随従して開陽丸で江戸に行ったことで、戊辰役の戦犯とされたわけです。忠績・忠惇の兄弟は慶応四年に四十二歳と三十歳の働き盛りですから、静岡での行動はすべて慶喜の意を受けていたとみるべきです。

國體大名酒井家は、播磨国姫路十五万石の雅楽頭、出羽国荘内十七万石の酒井左衛門尉、若狭国小浜十万余石の酒井修理大夫家の三本柱で構成されていましたが、三家とも明治十七（一八八四）年の華族令で伯爵に叙されます。姫路の分家の上野伊勢崎一万石、庄内の分家の出羽松山二万五千石、小浜の分家の越前敦賀一万石と安房勝山一万二千石は、そろって子爵になりました。酒井兄弟は明治二十二（一八八九）年五月に男爵に叙されます。姫路藩を継いだ忠邦が伯爵になるのは当然ですが、その忠邦に姫路藩を譲った忠績と忠惇は、たとい男爵にせよ叙爵理由に欠けます。

忠惇の授爵は、天下に先鞭を切った版籍奉還の功績として理解できますが、維新後の功績が世間に知られていない忠績の男爵拝受は、静岡で慶喜を援けて国事に携わったのが理由と推察するしかありません。

伊藤博文のもとに陸奥宗光を送りこんだ晃親王

陸奥は伊藤との関係を『小伝』で、「明治元年余が大阪府判事奉職中、その職務上または私交上の関係よりして、しばしば伊藤兵庫県知事と往復し、時にあるいは数旬同知事の邸に寓し、朝夕国家将来の大計を談合せしことあり」としています。

「うちの版籍を貴県に併合してもらえまいか」、と姫路藩から出願された兵庫県知事伊藤博文は、たまたま会った大阪府権判事陸奥宗光にこれを語ったところ、直ちに賛意を述べた陸奥は、博文がさらに主張した廃藩置県問題でも意見の一致をみた、と『小伝』は述べます。

これに対し、『小伝』を下敷きにしたという岡崎久彦著『陸奥宗光』は、「その時、陸奥がたまたま兵庫に来ていたので、伊藤は、陸奥の意見を求めた。陸奥は、ここぞとばかり、従来考えていた廃藩置県の意見を述べ、伊藤もこれに賛成して、これから一緒に、廃藩置県のために行動しようということになった」としています。

廃藩置県論の嚆矢が伊藤か陸奥なのか、『小伝』と『陸奥宗光』では食い違っているのですが、岡崎は、『小伝』の記載を、宗光が謙遜して功を伊藤に譲ったものとみているのです。間違いだらけの岡崎著『陸奥宗光』も、この一件に関しては正しいと思うのは、伊藤の廃藩置県論じたいが陸奥から吹き込まれたと推察されるからです。

大阪府権判事の本職をそっちのけにして、陸奥が兵庫県庁に入りびたり、郡県制の実施を痛弁していたのは、伊藤を中継点として中央政府に版籍奉還を迫っていたのです。つまり、薩長土肥四藩の版籍奉還を推進していた木戸参与を、実質姫路藩主の酒井忠惇と陸奥宗光が双方から側面支援していたのです。これこそ代々國體大名酒井雅楽頭と、國體参謀陸奥宗光の國體護持活動が表面化した具体例なのです。

第Ⅱ部　明治日本「満鮮経略」の序奏

第三章　「満鮮経略」の拠点と人材

長崎巨大軍港の建設は「イエズス会対策」

版籍奉還で厳原《いづはら》藩と改称した対馬府中藩は、廃藩置県では伊万里《いまり》県に併合され、伊万里県が改称した佐賀県から明治五（一八七二）年八月十七日をもって、その管轄が長崎県に移された背後には、世界的な軍港が長崎県に設置される秘密決定がありました。

明治四（一八七一）年の「海軍規則」で定められた「海軍提督府」が明治九（一八七六）年に「鎮守府《ちんじゅふ》」と改称され、「東海鎮守府」を横須賀に、「西海鎮守府」を長崎に置くことが決定されます。明治九年に横浜に仮設された東海鎮守府は、明治十七（一八八四）年には横須賀に移転して「横須賀鎮守府」と改称しますが、長崎に設置が決まった「西海鎮守府」は結局設置されずじまいです。

明治十九（一八八六）年の「海軍条例」により、日本沿岸を五海軍区に分け、横須賀鎮守府のほかに呉鎮守府・佐世保鎮守府・舞鶴鎮守府が開庁しますが、室蘭鎮守府は明治三十六（一九〇三）年に取り止めになりました。

長崎に設置が決まった鎮守府の立地として候補となったのは、県内各地に散在する松浦水軍の跡地で、その中から選ばれた佐世保湾に明治十六（一八八三）年八月、海軍少佐東郷平八郎を艦長とする軍艦「第二丁卯《ていぼう》」が入港して湾内を測量します。

明治五（一八七二）年に対馬諸島の管轄が、佐賀県から長崎県に移されたのは、この時すでに軍港の地が佐世保湾と決定していたからで、測量開始までに要した十余年間に、鍋島家が佐世保軍港をめぐる土地その他の利権を確保していたとみられます。軍港をめぐる利権は一般が想像もつかぬほど巨大なもので、肥前藩主鍋島家が版籍奉還の対価としてこれを得たことを隠すため、漠然と佐世保を含む長崎県一帯と発表していたわけです。

釜山→対馬→長崎→鹿児島→琉球→台湾→香港とつながる東南アジアの交易ラインが地政学的に注目を浴びてきた折から、西日本防衛と大陸・半島進出のための根拠地としての鎮守府が長崎を含む北九州のどこかに置かれるのは当然です。交易ラインの最重要地点の長崎と釜山を結ぶ線上に所在する対馬諸島は海域防衛上のカナメで、ここに海軍基地と陸軍要塞を置くのを見越して、早くも明治五年に対馬諸島の管轄を長崎県に移したわけです。

なぜ長崎県が選ばれたのか。対馬諸島から見ますと、山口・福岡・佐賀・長崎はほとんど等距離ですから一長一短はあるにしても、長崎県でなくてもよかったはずです。それが長崎でなければならなかったのは國體上の事情があったのです。

それは覇道一神教との関係です。一五三四年八月十五日、バスク人イグナチウス・ロヨラがフランシスコ・ザビエルら六人のパリ大学の学友と結成したイエズス会（耶蘇会・ジェスイット会）は、「対抗宗教改革」の一種として、各地でプロテスタントに対抗してカソリックの布教を始めます。

日本へは一五四九年にザビエルが到来しましたが、長崎では有馬氏から大村氏に入った大村純忠がキリシタン大名となり、一五八〇年に長崎をイエズス会に寄進しました。

日本に狙いをつけていた覇道一神教がここを拠点に侵略を始めるのは、世界各地の例があまりにも明白に示しています。

まさに國體の危機で、さすがに豊臣秀吉はこれを見逃さず、接収して直轄領にしましたが、以後長崎にはイエズス会が地下に隠れた根を張ったまま、開国維新を迎えたのです。世界的な軍港の位置を長崎と決めたのは、この地に残存する覇道一神教の勢力を軍民一致して抑え込む目的があったからです。

維新の半世紀前に策定されていた「満鮮経略」

軍港を置いた長崎は、以後の「満鮮経略」の重要拠点となります。

堀川政略の一環たる「大陸工程」を構成する地政学的戦略として「満鮮経略」が建てられた時期は未詳ですが、おそらくウィーン会議(一八一五年)の後ではないかと考えます。つまり、「満鮮経略」は明治維新の半世紀前に始まっていたのです。

「堀川政略」の「大陸工程」がいかなるものかは、他の工程と同様で全容を容易に窺うことはできません。大陸勢力の中核たるロシア帝国は不凍港を求めてユーラシア東岸を南下しますが、一八六〇年の北京条約により清国に割譲させた沿海州で天然の良港を発見し、ウラジオストクと命名して測量を開始します。以後、明治初年にかけてロシア帝国がこの地に続々と建設する海軍基地は、開国日本にとって国家存亡の危機を象徴します。

このことを心配したのは、当の日本より海洋勢力の中核たる大英帝国ですから、「満鮮経略」の中の軍港設置計画は、イギリス海軍の指示と指導によるところが大きいものと思われます。ゆえに、

明治二十三（一八九〇）年撮影の長崎軍港。明治日本の「満鮮経略」の重要拠点となった

海軍少佐・東郷平八郎艦長の軍艦「第二丁卯」が長崎湾内を測量した

長崎市内の山の手地区に聳えるイエズス会の教会

明治五（一八七二）年に軍港の設置を佐世保湾と決めたのは、イギリス海軍上層部とみるべきでしょう。

対ロシア政策は戦略システムですから、日本一国では成り立たず、当然ながら近隣諸国を巻き込んでいくことになります。戦後文化人が唱える「一国平和主義」は、国家戦略から見れば、まったく無内容な戯言《たわごと》なのです。

このことを根底に置いた地政学的な政策・戦略総合が「満鮮経略」です。その主要な柱が、満洲皇室愛新覚羅《あいしんかくら》家および朝鮮王室李氏との王室外交にあるため、「満鮮」と呼ぶわけです。

中山忠能の七男で、天誅組の首領に担がれて十津川事変で敗軍の将となった中山忠光が、亡命先の長州で偽装死して李氏朝鮮国に渡ったのは「満鮮経略」の重要な一環で、忠光の孫の忠英が朝鮮王家と國體三卿を結びます。

元治元（一八六四）年に長門国豊浦郡田耕村《たすき》（下関市豊北町田耕《ほうほくちょう》）で忠光が偽装暗殺された後に生まれた娘仲（南加《なか》）が、嵯峨（正親町三条）実愛の子息嵯峨公勝の子の実勝に嫁いで生まれた嵯峨浩が、昭和十一（一九三六）年に満洲国皇弟愛新覚羅溥傑の王妃となり、忠光の渡海から実に七十年ぶりで「満鮮経略」が帰結します。

ともかく、当時の「満鮮経略」の中心課題が軍港設置計画である以上、鍋島藩は言うに及ばず、対馬府中藩もその帰趨に重大な関心を寄せたのは当然です。

國體大名・鍋島家と黒田家に命じられた「長崎御番」

鎖国体制下で唯一海外に向かって港を開いていた長崎は、幕府直轄の天領で、西国で最も繁栄していた地域です。寛永十八（一六四一）年に筑前藩主黒田家を「長崎御番」に命じた三代将軍徳川家光は、翌年には肥前藩主鍋島氏も「長崎御番」に任じ、交代制で長崎港の警備に当たらせます。鍋島・黒田両藩は、長崎港警備のほかに沿岸各地へ渡来・漂着した異国船の始末（処理）にあたり、異国船は必ず長崎に回航される決まりでした。

三百諸侯の中で黒田氏とともに常に対外戦に対する備えを怠らなかった肥前藩には独特の気風が育ちますが、著しい特徴は國體奉公衆を集めて藩士としたことで、幕末になりその中から多くの國體参謀が出ました。その代表は土師氏の本流菅原系の砲術家に生まれた大隈重信で、小栗忠順の姪（従妹ともいわれる）三枝綾子を娶《めと》り、事実上の女婿となった大隈は、新政府に入って小栗の政策を引き継ぎます。慶応四（一八六八）年には三十一歳でした。

当時四十五歳の副島種臣の実家の枝吉家は、征西将軍懐良《かねなが》親王に仕えた楠木氏で、遡れば熊野発祥の和田氏に至り、代々國體参謀の家筋です。

維新当時三十八歳の江藤新平は、桓武平氏千葉氏の末裔で、東征大総督府江戸軍監として彰義隊を討伐した戦功により、江戸府判事（三等官）に挙げられます。

当時四十歳の大木《おおき》喬任《たかとう》も徴士参与（三等官）となり、江藤と連名で慶応四年閏四月一日、「東西両都論」を肥前藩論として建白します。論旨は、東日本を治めるための拠点として、江戸を「東の京」とし、将来は東京と西京（京都）を鉄道で結ぶというものです。

閏四月二十八日に軍務官判事（三等官）に就いた大木は六月十九日、参与木戸孝允と東京奠都《てんと》の可否について調査した結果、「東京に奠都することが可能」とした七月七日の報告に基づき、七月十七日をもって東京奠都の詔が出されます。この経緯から七月十二日に参与となった大木は、明治元（慶応四年を改元）年十二月四日に東京府知事を兼ね、以後ひたすら東京奠都の実現に尽力します。

新政府で頭角を現した江藤新平は明治二（一八六九）年正月、藩政に携わるために肥前藩（のち佐賀藩）に戻り、権大参事に就きます。権大参事は中央政府では六等官ですが、佐賀藩では「中老」で、重役として藩事に努めた江藤は、明治四年二月に新政府に招かれて太政官中弁（三等官）を命ぜられ、制度局御用掛を兼ねます。

慶応四年閏四月二十一日発布の「政体書」を、土佐藩士福岡孝悌《ふくおかたかちか》とともに起草したのは制度事務局判事の副島種臣《そえじまたねおみ》ですが、肥前四傑は、大木も江藤も新政府の政治制度構築に駆り出されていますから、財務と外交に専心していなければ大隈も、新政府の制度構築を命ぜられたはずです。

これは肥前四傑が、國體天皇の要請を受けた欧州大塔宮が「一八四八年革命」の実情を枝吉神陽《えだよししんよう》と矢野《やの》玄道《はるみち》に伝えるため肥前藩に派遣してきた宣教師グイド・フルベッキから直接、欧米の政治思想を学んでいたからです。

工業学校卒ながら法律と政治制度に詳しかったフルベッキは、開国のための啓蒙拠点となった長崎で、多くの肥前藩士に新政体構築のための知識を教えました。

民部・大蔵両省の合併問題で戸籍編成権をめぐって大隈重信と対立した大木は、大久保利通に接近して明治三（一八七〇）年七月民部大輔（二等官）に挙げられ、同四年七月十四日の廃藩置県実施と同時の民部省廃止に、最後の民部卿（一等官）として立ち会います。

四日後の七月十八日、それまでの大学に代えて設置された文部省で初代文部大輔（二等官）に抜擢された江藤は、七月二十八日に初代文部卿に就いた大木喬任にバトンタッチします。全国を八大学区に分けた学制の創設は翌同五（一八七二）年の八月二日ですが、これは初代文部大輔の江藤と初代文部卿の大木の功績とされています。

翌二十九日の官制更訂で、太政官が①行政府である「正院」、②立法府である「左院」、および③各省連絡機関である「右院」に分けられると、かねてより立法機関設置を主張していた江藤は八月四日、自ら左院に入って一等議員（二等官）になり、同十日には左院副議長（二等官）を新たに設けて自ら就任します。かくして立法府の整備に尽力した江藤は、同五年四月に司法卿（一等官）に就き、同六年四月に太政官制潤飾により、大木・後藤とともに参議に就きます。

肥前藩士で参議となったのは大隈（侯爵）、副島（伯爵）、大木（伯爵）、江藤（刑死）ですが、このほかに抜群の功績を挙げて明治政府の顕官となったのは日本赤十字社を創設した佐野《さの》常民《つねたみ》（伯爵）、外交官本野《もとの》一郎《いちろう》（子爵）で、軍部には海軍中将中牟田《なかむた》倉之助《くらのすけ》（子爵）がいます。

個性のある波動・幾何系シャーマンとしては、「からくり儀右衛門」として知られる発明家田中《たなか》久重《ひさしげ》や、大隈の親友で大隈の代理として岩倉使節団に参加した久米《くめ》邦武《くにたけ》がいます。本稿はとくに、久米が編纂した『明治史要』に大変お世話になっています。

肥前藩士に波動・幾何系シャーマンが多いのは、國體大名鍋島家が意識的に國體参謀を集めたからです。魔王青蓮院宮《しょうれんいんのみや》（朝彦親王）の要請により、安政六（一八五九）年に来日したフルベッキの身柄を、國體大名として引き受けた鍋島閑叟《かんそう》（直正）は、肥前藩士に英語だけでなく西欧流の政治学と法律制度を学ばせたのです。

留守政府で台頭した「佐賀四傑」はすべて國體参謀

明治四（一八七一）年十一月に出発した岩倉使節団は出国に当たり、留守政府との間に、「帰朝までの間は〝郵送文書による合意〞なくしては政府人事を行わず、並びに現体制を変革しない」との協定を交わします（岩倉使節団の正体と目的、および使節団の留守中に生じた改暦作業については、前著『欧州王家となった南朝皇統』をご覧ください）。

留守政府のトップは、八月二十九日の官制更訂で太政大臣になった三条実美ですが、その地位は、言ってみれば議院内閣制における大統領です。参議は四藩が一人ずつ出しましたが、木戸（長州）が外遊中のため休職で、留守政府は西郷（薩摩）・板垣（土佐）・大隈（肥前）の三名のうち、西郷が首相格で、残りが副首相格です。

使節団訪欧中の明治六（一八七三）年四月に江藤新平（肥前）・大木喬任（肥前）・後藤象二郎（土佐）を新たに加えたので、藩別の構成は肥前＝三、土佐＝二、薩摩＝一、長州＝ゼロ（不在のため）となりました。四藩一人ずつの出発前とは大きく異なり、肥前藩士の増加が目立ちます。大隈・副島・大木・江藤は「肥前四傑」で、これに鍋島閑叟・島義勇《しまよしたけ》・佐野常民を加えて「佐賀七賢人」さらに、早世した枝吉神陽を含めて「八賢人」と呼ばれます。

「肥前四傑」は、全員が枝吉神陽の「楠公義祭同盟《なんこうぎさいどうめい》」の同志です。枝吉氏の素姓は、後南朝の懐良親王が九州入りした際に随従して征西将軍府を建てた和田楠木氏の末裔で、國體参謀の家筋です。だからこそ神陽が楠公義祭同盟を創設し、その中から國體奉公衆が選ばれてフルベッキの薫陶を受けたのが肥前四傑です。

肥前四傑の最年長が副島種臣、その五歳下が大木喬任、大木の二歳下が江藤、江藤の四歳下が大隈です。家格では火矢頭人《ひやとうにん》三百石の大隈家が上士なのに対し、枝吉家・大木家・江藤家は下士です。「堀川政略」のうちの「大陸工程」の具体的な内容を定めた戦略総合の「満鮮経略」に深く関わっていたのが肥前藩主鍋島家です。肥前藩が登用した枝吉家の南濠《なんごう》は禄高三十石の弘道館教授となり、長男の枝吉神陽（一八二二〜六二）は、国学者として吉田松陰や藤田東湖《ふじたとうこ》と並び称せられ、矢野玄道と親交がありました。

大洲藩国学者の子で神童と呼ばれた矢野玄道が、伏見殿邦家親王第四王子の中川宮朝彦親王（当時青蓮院宮）と、幼時から兄弟のように育てられたのは、國體参謀の中核となるためで、朝彦親王と携えて京都学習院に諸藩志士を集めた玄道は、彼らに楠公精神を鼓吹して文久テロリズムを煽ります。

百済人の末裔として周知の肥前藩士副島家に、神陽の弟種臣（一八二八〜一九〇五）が、安政六

（一八五九）年に養子入りしたのは「満鮮経略」の一環で、将来の日韓合邦に至る因縁を付けたのです。副島家は、半島での家格が李王家より高い、とされているそうです。

同じ事情は毛利家にもあり、高麗人末裔として知られる長州藩士岸《きし》家を継いだ國體参謀が佐藤甚兵衛一族の岸信介《きしのぶすけ》です。岸が政府首脳として韓国の戦後復興を支援し、ソウル地下鉄を作ったのは、「満鮮経略」の具体化であって、決して偶然ではありません。

枝吉神陽が嘉永三（一八五〇）年に「楠公義祭同盟」を創立したのは、当時一乗院門主だった朝彦親王と矢野玄道の動向に応じたものです。

嘉永五（一八五二）年、朝彦親王が京都粟田口の青蓮院に入り、広大な境内にウラ学習院を準備すると、枝吉神陽と矢野玄道の間の連絡に当たるために十五歳の種臣が上京します。枝吉家に生まれた種臣は、生来の國體参謀として、一生を國體国事に捧げたのです。副島種臣の政治家としての行蔵は、この観点で見なければ、理解できないのです。例の明治六年政変の最大の謎である副島の参議就任と、その後の中華大陸周遊は、その観点から見なければなりません。

江藤新平が留守政府で行った制度改革は、大久保路線の正反対ですから、その所業が大久保の怒りを買ったのは当然です。理念一筋で正義漢の江藤の胸中を読めないのではなく、むしろありありと透けて見えた大久保には、共存の余地のない江藤の抹殺をためらう理由はなく、自ら内務卿に就いて「佐賀の乱」を偽装して江藤を葬り去る陰謀を企てます。

江藤が下野（明治六＝一八七三年十月二十四日）すると同時に山縣有朋が軍職に復帰したのは、江藤始末の意思を固めた大久保に、陸軍総帥としての山縣を確保しておく必要があったからです。

そればかりでなく大久保は、早くも十一月十日に内務省を設置し、二十九日には自ら内務卿に就きます。

明治四年七月十四日に廃止された民部省の所管業務は大蔵省に移されましたが、そのうちの内政に関する業務を移して、これを司る官庁として新たに内務省を設置したのです。

国内治安を管掌する内務卿が、士族反乱の鎮圧に必要と判断した場合は勅裁を得て軍隊の出動を要請することができますから、大久保は士族反乱の鎮定行動を掌握する最高責任者となったわけです。これで政体大久保が國體江藤を抹殺する準備が整ったので、ここに政体派大久保と國體派江藤の抗争が表面化したのです。

天皇外戚の柳原前光の任務は「満鮮経略」

さて、「落合秘史シリーズ」を一巻公刊するたびに、それに合わせて想像もしなかった史実を教えてくれる京都皇統は、現段階では「満鮮経略」の全容を教えてくれません。

ただ、「日清戦役を解明せねば日露は判らぬ。日露戦役が分からねば大東亜戦争が理解できるはずはない」との示唆を戴いただけです。ゆえに、「満鮮経略」を系統立てて述べるほどの史料は、まだ集まっていませんが、京都皇統の右の示唆によって、「征韓論は本来台湾征討の裏返しである」ことに気づいたことから、本稿をまとめることができたのです。

明治六（一八七三）年二月、「宮古島漂民虐殺事件」処理のための特命全権公使となった副島種臣外務卿は、柳原前光《やなぎわらさきみつ》外務大丞と外務大輔並の顧問李仙得《りせんとく》（チャールズ・ルジャンドル。フランス生まれのアメリカの軍人、外交官）を伴い、北京で清国政府と交渉に入ったのを機に、四月三十日に「日清修好条規」を批准します。

明治四（一八七一）年に伊達宗城《むねなり》・柳原前光コンビが李鴻章《りこうしょう》と締結した「日清修好条規」は、日清両国を平等としながら、「列強との間に不平等条約を結んでいた両国が相互にその内容を確認する」という極めて特異な内容でした。このために反対論もあって遅れていた批准を、これを機に実行したのです。

その際、清国の外務当局に宮古島漂民事件についての措置を問い合わせた柳原に、「琉球人の被害は耳にしたが、日本人の被害は聞いていない」というのが清朝高官の態度です。そこで柳原が、「琉球の藩属関係を争うのではなく、日本人たる宮古島民の殺害の責任を問うのである」と言うと、清国側は「原住民は化外《かがい》の民なり」と返答しただけで、サッパリ要領を得ません。

たまたま副島が軍機大臣文祥《ぶんしょう》から、「蛮人には熟蕃《じゅくばん》と生蕃《せいばん》があり、後者は〝化外の民〟であるから清国は関知しない」との言質を得て、これを台湾掃討の名分にすることを決意します。ときに明治六年の夏で、ここで台湾征討を内心決意した副島外務卿が、帰国後に秘かに軍部との折衝を始めたとみるべきです。

このあと、日清戦争後の明治二十八（一八九五）年に日本領になる台湾はシーレーンの要で、列島防衛上の重要地域であるばかりか、重要産業の砂糖の一大産地で、当時の最新軍事技術であった無煙火薬の原料樟脳《しょうのう》の特産地でもありました。

明治七（一八七四）年の台湾征討は、領土割譲には至らなかったものの、台湾で殉難した宮古島民を日本国民と認めさせたことで、琉球王朝の両属問題を解消して間接的に領土問題を解決したのです。尖閣諸島の領有について難癖をつけられている今日、琉球の藩属問題を解決したことの大きさは想像すらできません。

明治四（一八七一）年七月二十九日、大蔵卿伊達宗城が直隷総督李鴻章との間に「日清修好条規」の仮条約を交換したとき、外務大丞（四等官）として宗城を助けたのが、宗城の女婿で國體公卿の柳原前光です。藤原北家の日野分流の柳原家に嘉永三（一八五〇）年に生まれた前光は、幼少時から西園寺公望と並ぶ少壮公家の逸材として知られ、十九歳で戊辰役の東海道鎮撫副総督となり、甲府鎮撫使を勤め、戊辰戦役の勲功で賞典禄三百石を賜りました。

幕末四賢侯の一人宇和島侯伊達宗城の女婿となった柳原前光は、妹愛子《なるこ》が大正天皇の御生母の柳原二位典侍（早蕨典侍《さわらびてんじ》）のため皇室の外戚ですが、外交官としても極めて優れた能力がありました。

外務大丞（四等官）としてたびたび清国へ差遣された前光が、國體の高級参謀として「堀川政略」の「大陸工程」と、その具体的戦略たる「満鮮経略」に深く携わっていたことは明らかです。

明治六（一八七三）年九月、オランダ兼ベルギー駐在の代理公使を発令された柳原前光は、欧州大塔宮との謁見の機会を前にして未赴任のまま十一月に外務大丞に復帰します。

その原因が、折から動き出した台湾派兵にあることは容易に推測されます。

家格名家の日野流は北家に潜入した橘氏

台湾問題の処理を担った全権弁理大臣大久保利通を助けて清国との外交交渉をまとめたのは公家日野流の外交官柳原前光です。この人物は大正天皇の御生母の柳原二位局《にいのつぼね》となった妹愛子の陰に埋没した感がありますが、明治政官界では紛れもない大物です。

公家の日野家は家格が名家《めいか》です。試みに『広辞苑』を披けば、「名家は公家の家格の一。羽林家《うりんけ》の下。文筆を主とし大納言まで昇進できる家柄」としています。公家の家格は鎌倉時代にできたもので藤原北家の五摂家を筆頭として、九清華・三大臣が続き、羽林と名家が中・下級を成し、半家を下級とします。

武官の羽林家と文官の名家は、『広辞苑』とは異なり、同格です。羽林は近衛府の唐名として理解できますが、名家の語源を説明した史書はどこにもなく、羽林と同じく「大納言まで行ける」というのは家格の意義ではなくて、家格の効果です。

「名家とは何なのか?」。かねがね不思議でならなかった私は、十年ほど前に京都皇統代の舎人に尋ねました。答えは一言、「南朝」とだけで、何やらさっぱり分かりません。

その後、京都皇統の周辺では國體勢力を「南朝」と呼んでいることを知りました。日野家は南朝公家なのです。京都皇統が言う「南朝」とは、史学が言う吉野朝廷のことではなく、國體奉公衆を意味します(本稿もこれに倣《なら》い、「南朝」をその意味で用いますので、ご了承ください)。

名家の内訳は、藤原北家日野流・藤原北家勧修寺流・桓武平家高棟《たかとう》流の三流で、合わせて三十家ほどあります。そのうち桓武平家はもとから國體派の「南朝公家」ですが、藤原北家は政体派の中核で「北朝公家」です。

その藤原北家にもかかわらず日野流と勧修寺流が南朝公家とされるのは、國體派の他氏族が藤原北家の家系に侵入したからです。要するに名家とは、政体藤原北家（＝北朝）に侵入した「國體派」のことと判りました。

日野・柳原は十三名家に数えられますが、鎌倉末期の日野家は人材が豊富で、北条氏に頑強に抵抗したため犠牲者を出しながらも、鎌倉幕府倒壊の一因をなしました。権大納言日野俊光の子の権

天皇外戚の辣腕外交官・柳原前光

柳原の妹愛子は大正天皇の御生母の早蕨典侍

中納言日野資朝《すけとも》（一二九〇～一三三二）は、元亨二（一三二四）年の「正中の変《しょうちゅう》」により佐渡に配流され、元弘二（一三三二）年に同地で斬首された南朝きっての忠臣です。

資朝の弟で醍醐寺三宝院に入った賢俊《たかとし》（一二九九～一三五七）は、建武三（一三三六）年に後醍醐軍に追われて九州に落ちた足利尊氏に随従して信任を受け、光厳上皇の院宣を尊氏に伝える等、ことごとく尊氏に肩入れしたのは、文観《もんかん》と後醍醐の関係と似ています。

湊川の戦いで後醍醐方に勝利した足利尊氏が入京して後醍醐天皇が比叡山に逃れると、光厳上皇の弟の豊仁《ゆたひと》親王が、院宣による〝神器なき即位〟をして光明天皇となり北朝が成立しますが、これは賢俊の計らいと考えられます。

足利尊氏に密着して権力を握った賢俊は、後醍醐天皇が醍醐寺第六十三世座主に就けた文観を醍醐寺から排斥し、建武三（一三三六）年に醍醐寺三宝院の門跡《もんぜき》（住職）になります。尊氏と連携して光明天皇を擁立した賢俊は、表向きは足利方の柱石を装いながら、実際は南北朝の間を周旋していたとみて間違いなく、北朝に強い影響力を有する賢俊がいたからこそ、「大塔政略」の根幹たる「護良親王の王子（益仁）を光厳上皇の第一皇子に入れて崇光天皇とする南北朝合一策」が円滑に実行されたといえます。

藤原北家に入って日野家を称した國體勢力の素姓を橘氏と断定できるのは、柳原愛子が明治天皇の典侍となって大正天皇の御生母となったことからです。

皇室の対婚部族は、太古の「欠史八代」から春日氏となり、天平時代に橘氏に代わりましたが、大江《おおえ》磐代《いわしろ》の例が示す通り、近代も橘氏でなくてはならないからです。伏見宮家に生まれた山階宮晃親王が当初用いていた「崩れ三つ橘」紋は、伏見殿の替え紋で、この「崩れ三つ橘」の紋所が、伏見殿が國體南朝であることの証拠だそうです。

國體三卿の素姓を追う

ここまで記したついでに國體三卿の素姓も考えてみたいと思います。

中山忠能の中山家は藤原北家花山院流、嵯峨実愛の正親町三条家は藤原北家閑院流ですが、中山家と正親町三条家は、代々養子をやり取りし、縁組を繰り返してきたため、事実上は同一血統と見なされています。

特筆すべきは、何と言っても、正親町三条の第五代公秀《きんひで》の娘秀子が光厳天皇の後宮に入り、益仁《ますひと》親王（崇光天皇）と弥仁《いやひと》親王（後光厳天皇）の生母となったことです。

ご高承の通り、大塔宮護良親王の王子で、井口左近の女が生んだ益仁親王を光厳天皇の籍に入れたのが「大塔政略」ですから、秀子（陽禄門院）の全面的な協力がなかったならば「大塔政略」は存在せず、したがって國體天皇さえも存在しなかったのです。

外戚として家格を上げられ「羽林家」から「大臣家」になった正親町三条公秀は、國體公卿の根幹であることは論ずるまでもありませんが、羽林中山家は実質的に正親町三条と同一家系と言われますから、國體公卿の根幹家系とみるべきです。

中山忠能は、娘の中山慶子《よしこ》が睦仁親王を生んだため堀川殿の外戚となり、「堀川政略」の正念場である大室寅之祐と睦仁親王の入れ替えを実行したのは、正親町公秀の「大塔政略」と並ぶ日本史上最大の大計略です。

中御門経之の中御門家は藤原北家勧修寺流とされていますが、経之の実家坊城家が代々、波動・幾何系シャーマンを出す國體公卿であることは、すでに前著『欧州王家となった南朝皇統』に詳述したところで、経之が國體参謀だったことは間違いないところです。

國體三卿の偉業を継ぐべく、外務大丞として日清間を周旋した柳原前光は、妹の柳原愛子が明治十二（一八七九）年に生んだ明宮嘉仁《はるのみやよしひと》王が大正天皇となり、皇室外戚となりますが、明治二十七（一八九四）年に惜しくも夭折します。享年四十五。

この柳原前光はロシア公使になる際、尾崎三良に一等書記官になることを要請しています。四等官の尾崎は、これを受け入れて一格下（五等官）の一等書記官に就きます。このあたりは後続巻が述べることになります。

第四章

西郷の「征韓論」とは何であったか

日本の偽史捏造をサル真似する韓国史学会

徳川家康の捕虜返還に始まった日鮮国交（日本と李氏朝鮮の国交）は、日本皇室を天子と仰ぐ幕府将軍と、中華皇帝の藩屏《はんぺい》をもって任じる朝鮮国王が対等の地位で行っていました。

幕府から日本側の外交窓口を命ぜられた対馬府中藩（対馬藩）は、対鮮貿易の独占権を与えられ、釜山の「草梁倭館《そうりようわかん》」には常時数百名の対馬府中藩の藩士・藩民が滞在して日鮮貿易に携わっていました。対鮮交易による利益は莫大なもので、対馬府中藩は「西の長者」と呼ばれていました。

李氏朝鮮側は官営貿易で、当時世界最大の産銀国であった日本の銀貨（朝鮮銀）を銀本位制の清国へ中継し、反対に世界最大の産絹国清国の生糸を日本へ中継する仲介貿易を主としていました。貿易品目は銀と絹の他に、日本からは銅・錫《すず》の地金《じがね》および胡椒《こしよう》などオランダ交易品を輸出し、朝鮮からは米・蜂蜜・虎豹の毛皮および朝鮮人参など薬種を輸出していました。

仲介交易の主要品目は何と言っても日本銀で、これを渇望する李朝王室は、表向きの体裁とは異なり江戸幕府の動向に極めて神経質で、幕府将軍の代替わり祝いを名目にして十数次にわたる朝鮮使節を送ってきました。

ところが、これは李氏と徳川氏の対等外交を示すためのアリバイで、その実は極めて謙遜な態度を保っていて、通信使を送らない期間には陶磁器・仏画・木工品などの文物をわざわざしつらえて秘かに将軍家に進上しています。これらの朝鮮文物は、五代将軍綱吉の命により紀州徳川家が極秘に保管することとなり、一部は尾張家も分与されたようです。

戦後、紀州家から流出した一部文物をめぐる真贋騒ぎがしばしば起こっています。最近まで紀州徳川家に遺されていた李王家からの進上品を見ると、日本を仏教国と意識したために仏教関係が多いのが印象的です。

この秘密進上品の存在を幕府首脳が徹底的に隠蔽したのは、幕政初期に建てられた国家戦略を意識したためと推察されます。ウラ天皇として國體を護持していた永世親王伏見殿とその配下の國體参謀本部が建てたこの世界戦略を、本稿は「満鮮経略」と呼びます。

上に述べたように中華思想に基づく小中華意識をタテマエとしながら、ホンネでは交易利益のための日本産銀の入手を渇望していて、これが常に表裏一体なのが半島国家の実情なのです。

何しろ中華思想の唯我独尊性は、かの一神教にも似て、他民族との真の交流を認めない自閉症思想ですから、これに真底染まってしまった朝鮮社会の上層部は、建前としての「日本蔑視」をいつまでも掲げ続けねばならないのです。

この朝鮮民族史を理解すれば、現今の朴槿恵《パククネ》大統領が、「日本は歴史を直視せよ」と主張してやまない意味は、まことに明瞭に透けて見えます。彼女のいう歴史とは中華思想に基づいて解釈した日韓の歴史であって、人文科学としての客観的歴史のことではありません。

現在の韓国史学界が、朝鮮史を小中華思想と整合させるため偽史作業に没頭しているのは、戦前日本の御用史学者が行った偽史の方法論をまねたもので、「皇国史観」を「小中華史観」に、「天孫神話」を「檀君《だんくん》神話」に置き換えたものに過ぎません。

客観的歴史の認識能力では、現状の韓国史学界など、とうてい日本に及ぶところではないので、日韓の共同研究にもかなりムリがあります。

「満鮮経略」の基盤は國體史観と國體参謀

大東亜戦争に敗れた日本は、ＧＨＱの干渉によって皇国史観を脱却しましたが、これに替わって戦後思想界を支配したのが、日教組と朝日新聞・ＮＨＫなど大手メディアによる「敗戦史観」ないし「自虐史観」です。

これは、ソ連の要求する東日本進駐を拒否したアメリカが、その代わりにソ連に、日本への思想侵略を認めた「米ソ秘密協定」によるもので、東西ドイツ・南北朝鮮・南北ヴェトナムのように領土的分裂国家にならないで済んだ日本は、その代わりに思想的分裂国家になったのです。

戦前の学校歴史を規定した「皇国史観」は、「天孫神話」を基盤とした「国家神道」を裏付けとしました。

天孫史観は国家神道を管轄した内務省神社局が御用学者に創作させたものですから完全な「政体史観」ですが、戦時中に政体陸軍が「国体明徴《こくたいめいちょう》」などと騒ぎ立てたため、國體本来の意義が国民に誤解されている現状は真に残念です。

「満鮮経略」の基盤は國體史観で、これを承継してきたのは國體参謀です。その一人で最後の将軍となった徳川慶喜は、半島国家の実情を心得ていたため日鮮国交を重んじ、朝鮮国と英仏の間に幕末に発生した外交紛争を調停するための幕府使節の派遣を決定していました。

ところが、その前に慶応三（一八六七）年十月十四日の大政奉還となり将軍を辞した慶喜は、直後の十月二十五日に「王政復古後も予定通り朝鮮に使節を派遣して頂きたい」とする朝廷への上申を、対馬藩京都留守居役の大島友之允《おおしまとものじょう》に託します。慶喜の命により大島がこれを呈した正親町三条実愛は幕末期に「満鮮経略」を管掌していた「國體三卿」の一人です。

王政復古により徳川幕府が崩壊して政体が変更し、天皇親政の新政府が成立したことを、国書をもって対馬藩から大院君《だいいんくん》政権に通告したところ、国書中にあった「皇上」や「奉勅」の語に反発した朝鮮側は国書の受領を拒否します。

拒否の理由は、「清国の藩屏たる朝鮮国にとって大清皇帝以外に皇帝はおらず、よってかような国書を受け取るわけにはいかない」との小中華思想で、これがその後も日鮮国交障害の原因となる「書契問題」です。

大院君政権は、「わが朝鮮と同じく鎖国していた倭国が、洋夷の圧力に屈して開国したとは情けない」との日本侮蔑感を露わにしましたが、これは例によって、半島国家伝統の小中華思想に基づくタテマエに過ぎません。ちょうど今の韓国大統領朴槿恵が安倍総理に注文する「歴史を直視せよ」と同じことです。

永く友好関係にあった徳川氏を倒した新政府を敵視したのは大院君の自然な嫌日感情ですが、これをもって戦争の原因になるようなものではありません。

対鮮外交に苦しんだ対馬藩

幕府から対鮮窓口を命ぜられた見返りに日鮮貿易に介在して巨利を得ていた対馬府中藩は、幕末に至り、日本国内の産銀減少と生糸生産の増大、および朝鮮人参の国産化などにより交易総量が激減し、極端な財政難に陥りました。そのうえ王政復古により、対鮮外交権とこれに伴う朝鮮貿易独占権の先行きが不透明になりました。

対馬藩京都留守居役の大島友之允は長州藩士桂小五郎（木戸孝允）の友人で、「禁門の変」で幕府のお尋ね者となった小五郎の数カ月にわたる逃亡生活を支援した、との説があります。

小五郎の逃亡生活を支えたのを勧修寺衆とみる私見からすれば、この説は信じ難く、さらに対馬府中藩の交易特権の維持に腐心していた大島が、あえて幕府に逆らうようなことはしないだろうとも考えます。

ともかく、対馬藩の財政打開を図る大島は、老中首座板倉勝静《いたくらかつきよ》の顧問であった陽明学者山田方谷《やまだほうこく》が説いた征韓論に基づき、元治元（一八六四）年に建白した朝鮮進出論が木戸孝允に影響を与えた、とされています。

江戸時代に満鮮進出論を説いた国学者は多く、『混同秘策』を著した佐藤信淵《さとうのぶひろ》はその最たるものですが、満鮮進出策は信淵のほかにも佐久間象山・橋本左内・吉田松陰ら和洋の学者が唱えていますから、「堀川政略」の「大陸工程」の具体的内容を定めた「満鮮経略」の根底には、右の國體参謀たちの知見が反映されているものと考えます。あるいは学者たちの思想の基に「満鮮政略」があるのかもしれません。

吉田松陰の薫陶を受けた木戸孝允の行動が基本的に「満鮮経略」に沿っていたのは当然です。慶応四（一八六八）年二月、新政府の参与・総裁局顧問に就いた木戸孝允は、政府首脳の三条実美・岩倉具視に版籍奉還を建言し、同時に「開国和親の外交方針が確定した以上、隣国朝鮮に使節を派遣して国交を樹立すべし」との建白を呈出します。

これは武力侵攻でなく和親策ですが、折から戊辰戦役の直中で、政体首脳の両卿はどちらの問題にも対処する余裕はありません。

慶応四年閏四月六日、対馬府中藩主宗義達《そうよしあきら》が日鮮外交の刷新と対馬藩の救済を新政府に訴えます。大島友之允もまた、日鮮外交に関する協議と対馬藩への財政援助を、外国官判事小松清廉《こまつきよかど》（薩摩藩上士）に要望したところ、財政支援として太政官札の貸付を認められます。

二年経った明治三（一八七〇）年二月、対鮮国交の開始にようやく着手した新政府が外務権大録（九等官）佐田白芽《さだはくぼう》らを朝鮮に派遣すると、鎖国政策を堅持していた大院君政権は、開国した日本に警戒感を抱き、佐田のソウル入りを拒みます。

担当官に会うことすらできず、何の成果もないまま追い返された佐田は、帰国するや激しい征韓論者となり、同三年四月ころから、木戸をはじめ政府首脳に対し軍隊派遣による朝鮮の武力討伐を訴えかけます。

ほんらい「満鮮経略」を奉じる対鮮積極論者の木戸は、佐田の征韓論に賛意を示したものの、もっと重大な廃藩置県問題を抱えていたため深入りせず、明治四（一八七一）年六月に廃藩置県が無事に済むのを見届けると、岩倉使節団の副使になって十一月から外遊してしまいました。

この間に、征韓論から対鮮積極論に転換した大島友之允は、対馬藩の参政に就き、朝鮮事情を視察するため明治二（一八六九）年二月に釜山に渡り、草梁倭館で朝鮮側に国書の受理を要求しますが、朝鮮側担当官は書契問題と日本不信を理由に受理を拒絶します。

明治二年六月の版籍奉還により厳原《いづはら》藩と改称した対馬府中藩は、新政府から対鮮交渉を任せられながら何の成果を挙げないうちに、同四年七月十四日の廃藩置県を迎え、九月には佐賀県と合併して伊万里《いまり》県となります。

地理的に山口・福岡・佐賀・長崎の各県とほぼ等距離にある対馬諸島を治めた対馬藩の主要産業は水産業と対韓交易ですが島内産米が乏しいため、江戸藩邸の用を賄うための下野国の采邑《さいゆう》（領地）のほか、島民の食用米産地として筑前・豊前・肥前に飛び地を有していました。なかでも大きかったのは肥前国松浦《まつら》郡の四十九カ村です。佐賀県東端の基肄《きい》郡田代《たじろ》村（現鳥栖《とす》市）と基山《きやま》村（現基山町）は田代《たじろ》領と呼ばれていましたが、長崎街道の要所で今も繁華の地です。

肥前国は長崎県と佐賀県にまたがっていましたから、両県はある意味で地理的に一体です。廃藩置県に際して、厳原（対馬府中）藩を合併した伊万里県が対鮮交渉権を引き継がず、外務省が接収したのをみた大島は、旧対馬藩の対鮮交渉経験を活かすため、旧対馬藩主宗重正《そうしげまさ》を外務大丞（四等官）に任じ、大島自身も外務省奏任出仕となって対鮮交渉に当たることを提言します。

大島の提言は明治二年七月二十三日の外務省との会談で認められ、外務省人事も発令されますが、結局赴任しないまま両人は解任されます。ちなみに大島友之允は、映画監督大島渚の先祖といわれています。

韓国との付き合い方は明治史に学べ

対馬藩と外務省が努力した日鮮国交が、何の進展もないまま五年も渡過した原因は、主として両国の政治文化の差異にある、とするのが私見です。

中華思想（華夷《かい》秩序）に基づく政治文化が支配する李氏朝鮮政府は、清国に藩属する半独立国の意識から、独自の外交方針を決められなかったのです。

明治四（一八七一）年十一月に外務卿に就いた副島種臣が、日鮮国交の開始を交渉する相手として、当の朝鮮国でなく宗主国の清国を選んだのは、相手側の事情に合わせた選択だったのです。

是《これ》によって之《これ》を観れば、大韓民国による竹島の不法占領と、「営内接客婦」をめぐる諸要求の解消を日本政府が本気で望むのならば、交渉すべき相手は韓国ではなく、アメリカです。その観点から対米交渉を進めても対韓問題が進展しないのなら、問題は韓国でなく事実上の宗主国アメリカにあるのです。

アメリカが東京裁判史観の維持を望むかぎり、完全独立の志向を強める日本を抑制しようとするのは当然で、それがアメリカの信じる国益ですから、そのために日本への道徳攻撃を韓国に密命していることを覚らねばなりません。

ケネディ大使だって、あの親日笑顔の裏に「東京裁判史観」が隠れているわけで、そうでなければオバマ大統領はキャロラインを駐日大使に任命しないでしょう。

ちなみに、昭和四十三（一九六八）年ころ、住友軽金属の東京・柳沢独身寮で、写真月刊雑誌に「馬に曳かれた大砲と越中褌姿の輜重兵《しちょうへい》と共に、半島民の営内接客婦がスカートをたくし上げながらクリークを渡る姿」の写真をたしかに見た私は、彼女らのあの明るい笑顔が瞼に焼き付いていまだに忘れられません。

その写真月刊雑誌は『アサヒグラフ』と記憶していますが、記事には「女性たちも馬も兵と共に川を渡った」とか書かれており、「従軍慰安婦」とはどこにも書かれておりません。営内接客婦を「従軍慰安婦」と呼ぶようになるのはその後で、日本を道徳攻撃する企画を誰かが立てたと考えられます。

韓国の元大統領李明博《イミョンバク》が最近発表した自伝で、「営内接客婦に関する民主党野田内閣との合意が九合目まで達していた」と述べたそうです。

「泣く子（コリアン）と地頭（横田米軍）には勝てぬ」との敗戦国民意識が浸透した戦後日本の外交は、長期的国益を考えないその場しのぎの無原則な迎合主義が主流でした。

宮沢内閣の官房長官河野洋平が恥知らずの「官房長官談話」を発表したのはその帰結で、「ともかくこれで収めるから」との韓国の甘言を信じて、自ら正論を封印したのです。このような迎合第一主義が倭人社会の政治感覚です。

何か起こると周囲は是非を論ぜず、当事者に「とにかく謝れ」と強制し、これに従わないと「村八分」まがいの意地悪をします。小学校時代にそんな目にしばしば遭った私は、これを不思議に思っていましたが、長ずるに至り、米作地帯の村落共同体の社会的慣習であることを覚りました。

この習慣は和偕協調を第一とする倭人社会特有のもので、弱肉強食の隣国には通用しません。隣国は、口に唱える名分と内心の功利心が表裏一体になった便宜主義ですから、時日が経過して人が交替すれば、物的証拠のない合意など一方的に破るのは眼に見えています。

そうなれば、「河野官房長官談話」を足掛かりにして、物心ともに手厚く補償するよう、改めて要求してくるのが自明です。

韓国人が、日本人の誇りを奪うためにウソを厭わないのは、小中華思想により蔑視する日本人に対して韓国民の優位性を確保する手段としてなら、ウソも許されるという御都合主義です。

カネを惜しむわけではないが、民族の誇りを不当に奪われるのは耐えられません。

わが国と国民に永久的な屈辱と不名誉と損害をもたらした「河野談話」を、一刻も早く解消すべきことは論を俟《ま》ちませんが、問題の根本的解決は、河野洋平本人が血涙を流し、日本国民と世界に向けて取り消しを宣言するしかありません。

昔のヤマト武士ならば、身をもって天皇と国民と世界に詫びたのですが、河野氏にそれを教えても無駄のようですから、その代わりに、与野党を問わず日本の政治家が一致して、「河野談話」の取り消しに向けた努力を続けるのが国民に対する義務です。

ともかく、韓国にむざむざ付け入られた河野の轍《てつ》を、泥鰌《どじょう》総理の野田さんが踏んでいなかった、とは思えません。

●明治も平成も「偽史」は日本外交のアキレス腱

明治五（一八七二）年五月、外務卿（一等官）副島種臣は、外務大丞（四等官）花房義質《はなぶさよしもと》を釜山に派遣し、草梁倭館を伊万里県から外務省管轄に移して「日本公館」とし、駐在していた伊万里県士・県民を帰還せしめます。

これは、対鮮外交権を伊万里県（五月二十九日に佐賀県と改称）から外務省が接収したことに伴う処分ですが、朝鮮国からすればテナントの無断交替ですから、これを憤った韓国が花房に退去を強く要求したばかりか、釜山では居留民が不安を感じる事態の発生が絶えません。

そこで副島外務卿は明治五年八月十八日、外務大丞花房義質・外務小記（七等官）森山茂・同広津弘信および陸軍中佐（六等官）北村重頼らを朝鮮に派遣し、外務小録（十二等官）奥義制《おくよしのり》を草梁館に駐在させます。

森山小記から朝鮮の反日気運炎上の報告が届くと、日本で嫌韓感情が高まったのは当然ですが、朝鮮では前年に米国艦隊による江華島砲撃事件（辛未洋擾《しんみようじよう》）が発生していて、開国・開港はもとより一切の外国交渉に過敏になっていたところへ日本の政体変更を告げられたので、対応に迷っていたのです。

そもそも、朝鮮が対馬藩のために設けた草梁倭館の接収を一方的に通告したわが外務省にも非があり、鎖国策を堅持する朝鮮国の立場を理解していたとは思えません。三条実美太政大臣をはじめ、新政府首脳と外務省高官たちは、ほんの数年前まで攘夷・鎖港で騒いでいた自分たちを思い出して、大院君の気持ちを理解すべき立場なのです。

ともかく、このときの朝鮮側は、政権交替を告げる日本国書を受け取らずにおいて政権の無断交替を非難します。これに対し当方は、「まず国書を受け取れ」と要求するのですから、典型的な水掛け論でキリがありません。

明治六（一八七三）年五月には、草梁倭館に必要な薪炭や日用品の供給を停止するなど、在留邦人の安全を脅かす小事件が頻発されました。なかでも朝鮮国東莱府《とうらいふ》（外交窓口の重要機関）が、倭館の門前に「無法之国」と表示したことで、重大な外交問題に発展します。

釜山に派遣され朝鮮と交渉した花房義質

対馬藩が釜山に設けていた公館「草梁倭館」

あたかもソウルの日本大使館門前に「営内接客婦」の少女像を民間団体が設置したのとそっくりで、これを取り締まる法的義務のある政府は、民間人がやっていることだとして責任を取りません。これこそが朝鮮流で、朝鮮政府の国家としての責任感が中途半端なのは、永らく中華帝国の藩属国として半独立状態を続けてきたため周辺大国に甘えているわけで、それしか処理方法を知らないのです。

韓国政府は、外交的無礼を民間ボランティアのせいにしますが、官憲が放置する以上、官憲自体による行為と事実上で差異はありません。これを重大な外交問題としない今日の日韓関係は、それだけを見れば異常ですが、事実上で両国の宗主国たるアメリカ合衆国の意向によるものとみれば、やや理解できます。

要するに、ウィーン会議以来の欧州流外交慣習に馴染《なじ》まないのが半島国家の政治文化で、目下騒ぎまくっている「歴史戦」も、本当の歴史を知らないからこその軽挙です。これは日本にとって好機会ですから躱《かわ》す必要はなく、逃げ回るのは論外です。必要なのは、本当の歴史を眼前に示すことですが、実はここに日本のアキレス腱があります。それは、ご高承の通りの「偽史」です。

現地報告に基づき、通常の外交手段では解決のめどが立たないと判断した外務省は朝鮮対策の指示を新政府に要請したので、明治六（一八七三）年六月十二日の太政官正院の閣議がこれを論じます。この閣議に呈出された外務省案は、居留民保護のために軍艦と陸兵一個大隊を派遣し、軍事力を背景にしながら談判を行うという「砲艦外交論」です。

今日の国際感覚では問題視される砲艦外交は、帝国主義全盛の当時は外交の常識です。しかも佐田白茅から花房義質まで、長らく日鮮外交の現場で苦労してきた外交官の意見ですから、外務卿副島種臣も、まだ経験のない砲艦外交の効果を試してみたかったと見えて、これを裁可したようです。

西郷の「礼節外交論」と板垣退助の「駐兵論」

外務卿としてこの案を裁可した副島種臣が、「朝鮮側がこれに反発しても実際に砲撃してくることはない」と踏んでいたのは、朝鮮国もその宗主国の清国も、進んで日本を攻撃してくることがあり得ない当時の状況を知っていたからです。

そもそも藩属国が外国と兵を構えた場合、これを放置せず軍事支援するのが中華思想上の宗主国の義務です。豊臣秀吉の朝鮮征伐（朝鮮では「壬辰倭乱《じんしんわらん》」）では、宗主国大明帝国の萬暦《ばんれき》皇帝が大軍の援兵を出し、それが原因で国力を消耗した明王朝では崩壊が早まりました。

昭和二十五（一九五〇）年に北鮮軍が韓国に突然侵入した朝鮮事変では、米軍を主力とする国連軍が韓国に救援軍を送ると、中華人民共和国がすかさず「人民義勇軍」の形で北朝鮮を軍事支援したのも、中華思想上では宗主国として当然の義務だからです。

ゆえに、仮に朝鮮側から日本に何かを仕掛けてきたとき、清国がどう出てくるかがカギですが、日本側には朝鮮との国交問題に清国が介入しないことを信ずる根拠がありました。

この年の二月から、後に述べる「台湾事件」の談判のために副島使節団が北京に赴きますが、それに同行した陸軍少佐樺山資紀《かばやますけのり》は、清朝高官から「清国は朝鮮の国交問題に関与しない」との言質を取った柳原前光公使に感激したことを日誌に記しています。清国が朝鮮に援兵を送ってこないのなら、和戦の選択権は日本側にありますから、安心して朝鮮国交に踏み込めるからです。

実はこのとき副島は台湾派兵を計画していて、それを考慮に入れたうえで、花房大丞が提案する砲艦外交策を裁可したわけです。和戦の選択権といっても、当方が臨戦態勢にあることが条件ですから、副島の念頭には帝国陸海軍の出撃体制があったのは当然ですが、それは台湾征討のための出兵準備だったのです。

外務省が対朝鮮国交策の決定を求めた明治六（一八七三）年六月十二日の正院閣議で、参議板垣退助は釜山居留民保護の条約締結とそのための一個大隊の派遣を主張します。

板垣の主意は、単なる示威に留まらず、積極的に朝鮮に進駐する侵略的派兵にあったようですが、廃藩置県で官職を失う士族に与える職場としての外征を求めたのですから、これを主張した板垣は「征韓論者」と呼ばれてもやむを得ません。

国内の不満を外患に向けるのは、半島国家や中華帝国では今日でも国内統治の常道で、尖閣諸島と竹島がその好例ですが、両国とも軍事行動の姿勢を自国民に示すものの、実際に外征を実行することはまずありません。

板垣の主張した征韓論は勇ましくても、政策としての実現性はその程度のもので、しかも新政府内での板垣の立場は、政権中枢ではなく「党内野党」です。つまり自公政権の公明党のような立場です。

新政府の正院内閣は、当時七人だった参議が合議する仕組みでした。各参議は平等で共同首相のようなものですが、参議西郷隆盛が事実上の首相格です。

武力進駐論を唱えた板垣に反対して礼節外交を唱えた西郷を、史学の通説はなぜか「西郷が閣議で征韓論を主張した」と決めつけています。

政治判断における歴史の重要性を覚らないため歴史を学ぼうとしない与野党政治家はもとより、歴史を飯のタネにしている専門史家にいたるまで、これを唱えています。もっとも、学校で生徒に教える歴史教科書には、「西郷が征韓論を主張した」とハッキリと書かれていますから、試験ではこの通りに答えないと誤答とされ、落第の原因となります。

この史学界の状況に対して疑問を呈したのが大阪市立大学の名誉教授毛利敏彦です。

毛利は昭和五十四（一九七九）年公刊の著書『明治六年政変』（中公新書）において、自分も当初は通説を信じていたが……、

「西郷は征韓論者であった」とか、「西郷は士族の棟梁であった」とかの説を学問的に裏付けるはずの史料が、意外に貧弱なことに気づいたのである。

と述べています。毛利によれば、

通説の根拠となっているのは、もっぱら、西郷の私信中の片言隻句や関係者の回想談の類で

ある。しかも、それら史料の内容が西郷の真意を表わしているはずだとの論証は必ずしもなされているわけでなく、逆に、それらが西郷の真意と異なっているかもしれないという推論の余地を残している。

と史学の現状を規定しながら、その反面、

西郷が征韓に公的に反対したことを示す信頼できる史料がある。それは、政変直前の明治六年十月十五日閣議に宛てて、西郷が太政大臣三条実美に提出した自筆の「始末書」であるが、この文書で西郷は、朝鮮国に対する強硬態度や戦争準備を批判するとともに、使節を派遣して「是非交誼を厚くなされ候ご趣意貫徹いたし候様」にすべきであると力説している。

と指摘したうえで、「この重要史料について故意か偶然か、十分な考慮が払われていない」と慨嘆しています。

閣議決定の西郷訪韓を禁じたのは「國體」孝明先帝

あのときの正院閣議で、もしも砲艦外交を基本する外務省案が採用されて、花房大丞ら外務官僚がそれを実行していたとしたら、その後の日鮮関係は一体どうなっていたか？

そんなシミュレーションをする必要がないのは、当時の内外情勢および財政事情からして、新政府が外交政策として現実に征韓論を採用する可能性は、全くなかったからです。

天皇と国家に責任を有する新政府としては、当時の内外情勢からして、よほどの事情がなければ内治優先が当然だったのです。

実質首相の西郷隆盛が、外務省呈出の砲艦外交策を斥け、礼節外交によって隣邦に開国を勧告しようとした姿勢は、政府首脳としての良識をそのまま表明したものです。

板垣と西郷の論争は結局のところ、「派兵が先か、使節が先か」に尽きますが、板垣の一個大隊派兵論も「朝鮮を不意打ちして征服せよ」といった極端なものではなく、基本的には外交交渉を有利に導くためですから、西郷の使節先行論と根本的に矛盾するものではありません。つまり、留守政府には、対鮮政策の対立や分裂などは、もともとなかったのです。

ここでものの見方を一転して、國體側の見地からこの問題を眺めてみましょう。

開国したばかりの当時、外事が國體天皇の専管だったのは、覇道一神教（イエズス会）の侵入を防ぐという國體上の重大事に対処するためです。ゆえに、重大な外事に関しては、國體参謀本部が最終的な落とし所を決めていたのです。

新政府内の主流派は「薩摩ワンワールド」（薩藩農士連合）で、地政学的海洋勢力の「在英ワンワールド」の薩摩支部的な存在でした。薩摩ワンワールドを指導していたのは在英上層部で、その背後には欧州大塔宮がいたのです（欧州大塔宮については拙著『欧州王家となった南朝皇統』をご覧ください)。

山階宮晃親王を総長とする國體参謀本部は外事に関して欧州大塔宮の指導を受けていましたが、欧州大塔宮はこのとき、朝鮮との国交問題よりも台湾派兵を急いでいたと考えるのが私見で、その根拠は追々明らかにしていきます。

明治五(一八七二)年七月に宮古島民の台湾殉難を知った外務卿副島種臣は、台湾の武力征討を勧告してきた米国厦門《アモイ》総領事李仙得(チャールズ・ルジャンドル)を雇い、外務大輔格の上級顧問として台湾派兵計画を練っていました。したがって、副島外務卿の方針は、海外派兵先は最初から「台湾」と決まっていて、朝鮮派兵はその後のことです。

しかも、このとき、欧州王統宮と表裏一体の在米大塔宮(小栗忠順)が、ルジャンドルを裏側から動かしていたとの推察は荒唐無稽とはいえず、副島はこの辺りの事情をあらかた知っていたと私見が主張するのは、さもないと副島がこの後で取った行動が理解できないからです。

それにしても、西郷の唱える「礼節外交による訪韓」には道理があるため、派兵を伴う砲艦外交策を裁可した副島さえ、表立っては反対できません。外務卿さえこの通りですから、留守政府内に西郷派遣に反対する者はおらず、八月十七日の閣議で即時実行が決定されました。

ところが、ここで西郷が思ってもいなかった事態が起こります。それは、帰朝した使節団首脳の岩倉・木戸・大久保が、西郷派遣を再確認するための十月十四～十五日の正院閣議で三人そろって派遣に反対したことです。表面的な議題は、西郷派遣の即時実行か延期かをめぐる対立ですが、無期延期は否決と同じですから、閣議で「西郷派遣の賛否」を争ったというのも、決して誤りではないでしょう。

道理に適《かな》う西郷派遣論に、使節団首脳が三人そろって反対を唱えたことこそ、本件最大の謎ですが、結論を言えば、この三人は、欧州大塔宮の強い示唆を受けて台湾派兵を決め、それに関連して朝鮮問題には当分タッチしないことを、秘かに合意していたと考えられるのです。

外交良識に立ち西郷訪韓（征韓論ではない！）を決定した留守政府（三条・西郷内閣）と、使節団首脳との間に生じた分裂を最終的に裁定したのは、表向きは政体明治天皇ですが、そのウラを支えていたのは堀川御所の國體孝明先帝です。孝明先帝は欧州大塔宮の勧告を受けて西郷の訪韓を禁止することを決めたのです。

当時の民間には、朝鮮派兵を要求する不平士族が多かったのは事実です。失業士族が主導する世論は韓国に出兵することを望んでいました。したがって、板垣のように政策として朝鮮派兵を主張した政治家もいましたが、だからといって、そのような激派的意見に動かされるほど新政府は野蛮・非良識ではありません。

事実上首相の西郷が道理ある礼節外交を唱え、自ら開国勧告使として朝鮮に赴くことを希望すると、正院閣議はこれを決定します。

ところが海外で欧州大塔宮から「高次元の情報と示唆」を得てきた使節団首脳が、真の理由を伏せたまま、西郷派遣を否認したので閣議は紛糾し、最終的には明治天皇の勅裁が使節団首脳を後押ししたので、留守政府のなかで西郷派遣に賛成した五参議（西郷・板垣・後藤・江藤・副島）は、天子の意思に背いたことを遺憾として引責辞職したのです。

「征韓論」ではなくあくまでも「訪韓論」

明治初年最大の政治事件たる「明治六年の政変」の直接原因となった、いわゆる〝征韓論〟の真相を、詳しく観ていきます。

外交政策についていえば、鎖国を解いた日本に「断交」という選択肢がないのは当然で、「日鮮国交開始」の総論に対しては全員が賛成です。しかしながら、各論には差異があり、

①国交開始を平静に申し込む礼節外交
②兵員を満載した軍艦を背後に開国を迫る砲艦外交
③侵略そのものを目的とする朝鮮派兵論

があります。

西郷の主張は①で、外務省の原案は②です。板垣の主意は③で、「居留民保護の名目で朝鮮に出兵して駐屯させる」という本格的な征韓論ですが、実質的には党内野党特有の非現実的プロパガンダに過ぎません。これを唱えた板垣の本音は、引っ込める替わりに失業士族対策などの政策的見返りを得るための駆け引きと考えられます。

板垣が掲げる朝鮮出兵の名分は「懲韓」ですが、任那日本府を置いていたヤマト政権の時代はともかくとして、それ以後は外地で政権を建て異人種を支配したことがない日本が、朝鮮半島に駐兵を強行するのはよいにしても、その後をどうするのか、板垣にだって妙案はないはずです。駐兵し

た場合の財政的・軍事的・外交的負担を考えないのでは政策の名にも値しません。

四藩連立政権における土佐藩の地位は、近年の自公連立政権における公明党に似ていますが、板垣そのものは自民党内の反安倍派と同じ立場で、執行部が実行できない「キレイゴト」をあえて提案したのです。要するに政治上の駆け引きです。

正院閣議で「使節派遣論」を説いたときの、西郷の内心を忖度《そんたく》する説は各種あります。

まず西郷南洲自作の詩に「須《すべか》らく比せん蘇《そ》武《ぶ》歳寒《さいかん》の操　応《まさ》に擬《なぞら》えん真卿《しんけい》身後《しんご》の名」とあり、征韓論者説の論拠とされますが、上の句は、「敵国の匈奴に長期監禁されても、皇帝から託された節を守り抜いた蘇武に比べられたい」という意味で、下の句は「謀反軍から勧められた寝返りを断って殺害された硬骨の顔真卿《がんしんけい》に、自分はきっと譬《たと》えられる」との意味です。

この詩から、西郷の本心を「朝鮮政府に監禁されるも宜《よ》ろしく、殺されるのも覚悟」と推測して、「朝鮮出兵の名分を作るために自分の殺害を予期した西郷が派遣を望んだ」とするのが通説です。まるで東映映画の任侠路線の一場面を解説したかのような通説は、およそ沈着重厚な大政治家を論じたものとは思えません。

これはむろん、政治講談か俗流稗史《はいし》の所産ですが、それを国民が百年以上も疑わないのは、ここで説かれた西郷の心裡が楠木正成を思わせるからです。これぞ日本人にしか分からない任侠の精神ですから、民衆は、ことの真否はさておき英雄の心事をひたすら慕うのです。

ちなみに、任侠精神を全うしながら国民にその真実を知られていないのは、「中先代《なかせんだい》の乱」の諏訪頼重と淵辺義博、および桜田門の井伊直弼ですから、既刊の拙著はこれを顕彰しました。

この詩の外にも、西郷の書簡や発言から、西郷が征韓論者であったことを強弁する史家が多いのですが、相手しだいで論調を変える政治家の発言を表面通り受け取らないのが今日の国民の常識で、これに反するのは一部の日本史学者だけです。この点は後で説明します。

不当な用語「征韓論」呼ばわりの元凶は外務省

西郷の表向きの主張は先のように①ですから、当時の列強外交の常道が②か③だったことからすると、極めて穏当公正な考え方です。板垣も自説とは矛盾しないので反対せず、留守政府の閣議は全員一致で西郷の派遣を決めました。

折から帰朝した使節団首脳は、留守政府が独断で決めた「太政官制潤飾」と、これによる「参議人事」その他の重要政策の無断変更を非難します。

八月十七日に閣議決定した西郷派遣論は天皇が使節団帰国まで発表を保留させていたので、帰国した岩倉右大臣と木戸参議が加わった閣議に改めて掛けることになります。

そのために開かれた十月十四日の正院閣議で、争点は西郷大使の韓国派遣をめぐる、即時実行論と無期延期論の対立となりました。以前の閣議に呈出された外務省案の砲艦外交と、板垣の唱えていた佐田白茅流の激越な征韓論などは問題にもなっていません。

今日の教科書史学やマスコミ史観が歴史用語として用いている「征韓論」は、当時の新政府の外交姿勢を正確に表しておらず、国民の誤った歴史認識を固定するのはおろか隣国の反日感情を煽るだけですから、その語を用いること自体が大きな誤りです。

もっとも、反主流閣員や野党政治家が唱えた「征韓論」の語が、不平士族の鬱勃《うつぼつ》たる感情が蔓延した当時の世相に投じて大流行したことは事実ですが、西郷はいかなる形にせよ「征韓論」を唱えていません。

ところが、巷間流布された「西郷が征韓論を主張した」との虚報を、なぜか外交当局が追認したのを受けて、御用史家が歴史的事実として固定してしまいました。

あたかも、帝国陸軍の許可を受けて兵営内で営業していた接客婦を、軍属たる従軍僧や軍籍のある従軍看護婦と同様のものと見なして「従軍慰安婦」と呼ぶようなものです。接客婦が営内で営業をしていた当時は存在しなかったこの呼称が昭和末年に作られたのは、偽史作業の証拠です。

アメリカの日本封じ込めの手段として生まれたこの人造語（呼称）は、日本の思想侵略を図る国際共産主義の邪霊が取り憑いたため、悪しき言霊としての生命を持ってしまいました。

ちなみに、日清談判と不平等条約の改正で多大の成果を上げたためカミソリ大臣と呼ばれ、日本外交官の模範とされる陸奥宗光は、自作の『小伝』の中で、「征論」の言葉を用いています。


客歳《かくさい》（昨年のこと）、海外派出大使等帰朝の後、留守せし諸老との間に、征韓事件につき議論合はず、内閣の更迭を来たし云々（傍点引用者）

右の文は、昭和四十一（一九〇八）年に「陸奥宗光伯七十周年記念事業」の一環として関係方面に配布する目的で外務省霞関会が編纂した『陸奥宗光伯』にそのまま転載されています。

明治六年十月十四日の閣議を、「征韓事件につき議論合はず」と表現するのは、陸奥宗光にしては不用意な語法と思いますが、さらに問題は『陸奥宗光伯』の編纂者が作成した「年譜」で、「後記」に「年譜は念のため早稲田大学文学部教授深谷博治氏に目を通していただいた」とあります。

その「年譜」は「征韓論敗れ西郷・板垣・後藤・江藤・副島参議ら辞職」と記しているのです。これを見れば、十月十四日の正院閣議で外務卿副島種臣ら五参議が賛成した西郷訪韓論を、外務省内では、ハッキリと「征韓論」と呼んでいることが明らかです。

早稲田大学卒で宮内省臨時帝室編修局に勤務した憲政史学者の深谷博治は、早稲田大学大隈研究室で大隈文書の整理に当たった経歴からして、この正院閣議の背景と雰囲気に通暁しているはずです。その深谷が、サラリと「征韓論敗れ西郷・板垣……」と記したのは、陸奥が「征韓事件につき議論合はず」と述べたのと同じ感覚ですが、何をもって「征韓論」とか「征韓事件」と呼ぶのか、私には理解できません。

まるで村山談話や河野談話のようなもので、「訪韓論」を「征韓論」と呼ぶのは、「営内接客婦」を「従軍慰安婦」と呼ぶのとおなじ誤りです。

もっとも、今日の史学者の一部は、「『征』の語には軍事的な意味だけでなく、『遠征』のように『出かける』との意味があるから、『派遣』と解すべきである」と主張しています。しかし私見は、語義はともかく、当時の歴史情勢からして「征韓の語に軍事的意味はない」というのは通らないと思います。

論争の実態は、本著で述べるように「即時派遣論と延期論の対立」ですから、史学者はそんなコジツケよりも、学界用語の「征韓論」を、西郷が実際に主張した「開国勧告使派遣論」と改めるべきで、せめて「訪韓論」とでも言い換えていただくことを外務省にお願いします。

現実政策としてあり得なかった朝鮮進駐

明治六（一八七三）年秋に帰朝した岩倉使節団の岩倉・大久保・木戸が、西郷隆盛の朝鮮国派遣をすでに議決していた留守政府組との間で交わした閣議での論争を、俗に「征韓論」といいますが、通説の言うように単純な朝鮮侵略論でないことは前述しました。

いわゆる「征韓論」と、これに端を発した「明治六年政変」について、教科書史学の通説は、「わが修好の申し入れを拒否する朝鮮国を、武力で開国させようとの征韓論を主張した西郷・板垣・江藤らが、欧米から帰国した岩倉・木戸・大久保らに反対され、不平士族に担がれた江藤は佐賀の乱を、同じく西郷は西南の役を起こした」とします。

長らく唱えられてきた右の通説が全くの誤りで、「佐賀の乱」が大久保の陰謀であったことを唱えたのが、前掲した毛利敏彦著『明治六年政変』です。

詳しくは同書に任せるとして、毛利氏の主張する「いったん有力な仮説が現われると、後続の論者はその枠にとらえられ、本来であれば、先行する仮説を批判的に検討するのが学問的な態度であるはずだが、むしろ仮説に安易に追随して、その過誤を次々に拡大し、とうとう国民的常識にまでしてしまったのであろう」との説は、勇気ある卓見として敬意を表します。

太政官正院の閣議における争点は、西郷を開国勧告大使として朝鮮国に派遣することの可否です。通説は、「朝鮮に派遣された西郷が朝鮮国王に開国を説けば、激怒した朝鮮朝廷が反発して、重大な外交紛争となる可能性は高かった」といいますが、こんなものは国際政治を知らぬ学者が、通説の根拠として捏造した空想に過ぎません。

現実には、当方から手を出さない限り、朝鮮国の方から戦闘行為に出ることなど、あり得ません。副島外務卿は、「仮に朝鮮国が日本に反抗しても宗主国の清国は関知しない」との予測に自信があったからこそ砲艦外交を裁可したわけで、有事の際に和戦のいずれを選ぶかの決定権は日本側にあったのですが、わが方には特殊な事情があり、戦争を選ぶことは考えられなかったのです。

今日の大韓民国を見ると、外交辞令としてはあり得ない雑言を大統領や外相が平気で発する無神経さであり、とうてい近代国家とは思えぬ特異性を感じますが、それでもイスラム国のような原理主義的テロリスト国家でなく、名分と実利が表裏一体ですから、国家的行為としての西郷の殺害など考えられません。

それを端的に示すのは明治四十二（一九〇九）年の伊藤博文の暗殺です。

この事件の真相は、玄洋社軍人の明石元二郎が指揮した朝鮮軍の一隊が実行した暗殺を、テロリスト安重根の仕業に見せかけたのですが、帝国陸軍が解体した現在は、その真相を公表する責任主体がいないため、いつまでも安重根の仕業にされたままです。

伊藤暗殺事件の真相公表の責任は戦後、陸軍から史学界に移りましたが、不思議なことに、伊藤博文暗殺をまともに検証した史家はほとんどなく、今でも判決通りに安重根の単独犯行とされています。これは、たとい捏造であっても民族英雄が欲しい韓国と、不都合な史実を永久的に隠しておきたい日本支配層の利害がたまたま一致しているからです。

必要とあらば自国の元勲をも暗殺する玄洋社と、アリバイ作りに利用されただけの安重根を何の検証もせずに民族英雄と仰ぐ韓国人社会を比べてみれば、両国の国民性の相異が容易に推察されます。

テロリズム色が濃厚なのは、両班《やんばん》（文班）支配が永く続いた韓国よりも、武断政治が続いていた日本の武士道の方です。

ロシア皇太子ニコライに護衛の巡査津田三蔵が斬りつけた「大津事件」や、清国全権大使李鴻章の顔面に単独テロリスト小山豊太郎が銃弾を撃ち込んだ「下関事件」を見ても、それは明白です。この両事件の犯人は単独で深い思慮もなく、浅薄な愛国感情のままに凶行に及んだもので、下級武士的発想の典型ですが、むろん自分の死は覚悟の上です。

開国を勧告するため自らの訪鮮を望んだ西郷が、たとい現地で暗殺されたとしても、それくらいのことでは日本が出兵する正当な口実にはなり得ません。皇太子を襲われたロシアも、外交全権を傷つけられた清国も、そのことで日本に戦争を仕掛けてはいません。それが国際社会の常識です。

時代はくだり平成二十七年三月五日、マーク・リッパート駐韓米国大使が、ソウルの世宗文化会館で開かれた朝食会に出席した際、南北統一主義者の金基宗に切りつけられ、右顎と左腕に八十針も縫う重傷を負いました。リッパートはオバマ大統領の側近で、四十一歳で駐韓大使に任命されたほどの米国民主党の重要人物ですが、この事件で、米韓双方において軍事的な動きは一切なかったことは、ご高承の通りです。

西郷がテロリストに襲われたことを理由に出兵するのは、そもそも西郷本人の意思に背きますし、そのうえ当時の政体陸軍のトップ山縣有朋はほんらい非戦主義者で、その後の政策をみても、常に避戦を心掛けています。しかも、山縣を支えていた帝国陸軍の副頭領の小西郷（西郷従道）は、このときすでに台湾派兵を決意していて、たとい兄が襲われたとしても朝鮮出兵は望むところではありません。

つまり板垣流の「征韓論」は、民間ボランティアが謳い上げる政策の看板ならばともかく、現実の政策論としては実体のない空説です。これが、後に西郷の主張と誤記された経緯を本稿は、次のように洞察します。

六月十二日の正院閣議で板垣が唱えた「征韓論」が、西郷が主張した「礼節外交論」に吸収されて、板垣も「礼節外交論」になったまではよかったが、その後十月十四〜十五日の閣議で決定された「礼節外交論に基づく西郷派遣論」が十一月二十三日の勅裁で覆されると、礼節外交論に吸収されていた板垣流征韓論が、なぜか表出して礼節外交論のお株を奪い、西郷説と入れ替わってしまった。

これはその後、板垣が民権運動を展開したとき、自説の征韓論を粉飾するため、これを西郷の持論であったかのように偽装したのである。

板垣の「征韓論」に庇を貸してやった西郷が、母屋の「礼節外交論」を板垣に取られたわけであるが、「満鮮経略」を展開していく中山・嵯峨（正親町三条）・中御門の國體三卿と玄洋社が、対露防護壁とするために朝鮮半島に進出していく過程で、西郷の国民的人気を利用するために、右の偽装を放置し、ないしは保存・強化したのである。

西郷が板垣説を吸収した証拠の書簡は後に示しますが、右の事情で、外交史上もまともに取り上げるべきでないものを「征韓論」と銘打って、あたかも新政府の外交政策の選択肢の一つと見なしたのは、史学界の決定的な誤りであります。

もっとも、現実の歴史の進行は、板垣の主張の通り、明治四十三（一九一〇）年に日本は韓国を併合するに至りましたから、その大きな流れの中で、西郷が明治六（一八七三）年の閣議であたかも「征韓論」を主張したかのように錯覚されたものと考えます。

ところで、右の通り洞察した私には、最後までわだかまる疑問がありました。その疑問を下記します。

道理には適うものの、喫緊の必要もなかった「朝鮮への使節派遣論」に、なぜ西郷が固執したのか？

最も正解に近いと思うのは、「ワザとした芝居」です。その目的は次章で述べる「台湾征討」を隠蔽するためです。薩摩の伝統政策である「台湾経略」を成功させるために、秘かに行っていた外征準備を内外の眼から隠す必要があり、西郷はそのために、あのような芝居を打ったのです。「西郷は何でも知っていた」。これが本章のほんとうの結論です。

國體参謀総長晃親王の真意を西郷に伝えていたのは月照です。勧修寺の國體参謀本部に属する連絡将校として晃親王と魔王朝彦親王の連絡に当たっていた月照は、安政五（一八五八）年十一年十六日に、西郷と抱き合って錦江湾に飛び込み、水死を偽装し、以後は地下情報網のカナメとなったのです。

この当時はおそらく熊本と長崎の間にいた月照は、オランダから入る情報を受けて西郷に伝えていたと聞きます。

第五章

征韓論で覆い隠した「台湾征討」

「台湾事件」の重要性を説いた樺山資紀少佐

釜山で邦人の居留民たる伊万里県民（対馬島民）の安全が脅かされるようになるのは明治六（一八七三）年初頭のころで、朝鮮政府が草梁倭館に必要な薪炭や日常品の供給を停止するなど、在留邦人の安全を脅かす小事件が頻発されました。これを「釜山一件」と呼びましょう。

明治四（一八七一）年十一月に邦人（宮古島民）が多数殺害される事件が台湾で起こり、新政府も明治五（一八七二）年七月にそれを知りました。邦人が琉球藩籍だったため国際法上でも重要問題が生じ、結局、明治七（一八七四）年五月に始めた軍事作戦の「台湾征討」で処理しました。これが「台湾事件」です。

台湾事件を新政府が知るのは釜山の事態よりも以前で、その処理のため、外務卿副島種臣が全権大使となって明治六年二月に北京に赴いていますから、どう見ても台湾事件の方が「釜山一件」よりも重要かつ現実的問題です。

江戸時代初期に薩摩藩の藩属国となった琉球国は、朝貢貿易の都合上、清朝にも藩属する両属の形を取っていました。明治四年の廃藩置県で琉球藩となった後、外務省は両属問題の解消を進めようとしますが、肝心の琉球藩が言うことを聞きません。

清国と日本本土を結ぶ中継貿易により莫大な利益を上げていた琉球は、独立国家の形態がないにもかかわらず、清国に対する朝貢形式を保つ目的で「琉球国」の看板を挙げていて、日本が近代的国民国家になっても、廃藩置県になっても、商業的利益のためにこの看板を下ろしたくないのです。今の沖縄県民が米軍基地の拡大に反対するのも、国益よりも経済的利益にこだわる県民的伝統によるところがないとは言えません。

琉球と同様の両属関係にあった対馬府中藩と異なり、琉球の国家偽装は本格的だったので、国際社会が国民国家の時代に入っていくのに、このまま放置すれば両属問題が拡大し、覇道一神教（イエズス会）の介入を招くことは眼に見えていますし、仮に独立したとしても、それを保てるような国際情勢ではありません。

琉球国の態度が國體の危機をもたらすことを畏れた新政府は、明治五年に琉球国を「琉球藩」と改称して、明治四年七月の廃藩置県で薩摩藩を改称した鹿児島県の管轄に置きます。これが「第一次琉球処分」です。

折から、明治四年十月二十九日に台湾で発生した宮古島民虐殺事件の第一報が鹿児島にもたらされたのは明治五年七月のことです。これを知った熊本鎮台鹿児島第二分営大貳《だいに》心得の陸軍少佐樺山《かばやま》資紀《すけのり》は早速行動を開始します。樺山は後に日清・日露の両戦役で海軍大臣を勤め、海軍大将となって初代台湾総督に就き、伯爵に叙せられた明治史上の重要人物です。

鹿児島に在った熊本鎮台第二分営は歩兵四小隊からなり、長官の「大貳」に大佐（五等官）を充てますが、当時は大貳心得に樺山少佐（七等官）が任じていたのです（ちなみに明治六年五月八日付で陸海軍武官の官等が改定され、以後はすべての階級が一等ずつ繰り上げられて、少佐は六等官となります。六等官は県参事と同格です）。

熊本鎮台に報告するため、七月二十七日の早暁に鹿児島を発った樺山少佐が昼夜兼行で熊本鎮台に着くと、あいにく司令長官桐野利秋少将は広島第一分営に出張中でした。やむなく単身上京した樺山少佐は、真っ先に薩摩出身の政府高官を訪問します。
最近、樺山家で近親にしか配らなかったというガリ版刷り二冊を貸していただきましたが、その一冊は樺山愛輔『父樺山資紀』で、次のように述べています。

司令長官桐野利秋少将は、広島分営へ出張中で不在であったため、直接陸軍卿へ具申することにきめ、その夜直ちに熊本を出発して東上の途についたのである。(中略)
品川宿の村田屋に着いたのは八月八日の夜であった。翌早朝品川を出発して日本橋小網町に在った西郷隆盛邸を訪ね、西郷先生に面会して台湾事件を詳細に報告するとともにその善後策について指揮を仰いだということである。
このとき父は十一月九日まで滞京していたが、両西郷を初め副島、板垣、桐野、川村、伊地知、野津その他要路の人、同郷の先輩知友を訪ね回って台湾事件の重要性を説いていた。

右に出ている人物の当時の官職は、大西郷(隆盛)が陸軍元帥(一等官)・近衛都督、小西郷(従道)が陸軍少将(四等官)・近衛副都督、副島種臣が外務卿(一等官)、桐野利秋が陸軍少将(四等官)、川村純義が海軍少輔(三等官)・伊地知正治《いじちまさはる》が左院副議長(二等官)・野津鎮雄《のづしずお》が兵部大丞(四等官)です。

熊本鎮台での打ち合わせの結果、樺山少佐が上京して直接具申すべき相手の陸軍卿は当時欠員です。陸軍大輔（二等官）が陸軍中将山縣有朋ですが、樺山は山縣でなく陸軍少輔の小西郷の所へ行ったのです。

肥前人の外務卿副島種臣と土佐人の板垣退助以外はすべて薩摩人ですから、樺山の藩閥意識が濃厚なように見えますが、そもそも琉球藩は鹿児島県が管掌しており、地域治安を管掌する鹿児島分営は宮古島民の安全をも担っていたわけですから、その長官（大貳心得）としての樺山少佐の行動は、越権どころか臨機応変の措置といえます。

貸していただいた別の一冊は昭和二十九（一九五四）年四月完成の井澤弘編『樺山資紀』という

「台湾事件」処理を具申した樺山資紀

陸軍少輔・西郷従道

評伝で、その中に「漂流民謀殺事件」という章があります。これは漂民殺害事件の後、現地調査のために清国および台湾に出かけた樺山少佐の詳しい日記で、原文を掲げた後に編者井澤の感想を加えています。

それによれば樺山少佐は早くも八月十三日に、「台湾生蕃《せいばん》へ探検隊派遣の意見書」を陸軍元帥西郷隆盛に呈出しています。鹿児島県庁でも事実上知事の参事大山綱良《おおやまつなよし》が、殺害犯懲罰のための台湾出兵を新政府に訴えますが、なかなか進捗しないため、大山は鹿児島県人を率いて自力出征さえ考えました。

ここで興味深いのは、上京した樺山が真っ先に大西郷を訪れたことです。早朝五時に西郷邸を訪問した樺山は、大西郷に台湾事件を詳細に報告し、善後策についての指揮を仰ぎます。

このときの樺山資紀の行動を、「一少佐の身をもって、薩摩出身の高官に面会し、台湾事件の処置を説いて暗躍した」と評する史家がいます。

陸軍元帥への直訴は、陸軍の軍紀から見ればたしかに越権ですが、薩摩藩士としての西郷と樺山にとって、台湾事件は単なる軍務を超えた重要な事態だったのです。

台湾で聞いた西郷隆盛の「政略結婚」と「隠し子」

岩倉使節団が外遊中の当時、留守政府の内閣の参議は西郷・板垣・大隈ですが、樺山は、大西郷のほかに板垣参議と副島外務卿を訪ねたものの、大隈を訪ねていないようです。

ともかく、軍と政府の高官たちに、「漂民殺害に対する措置」を力説した樺山少佐は、明治五（一八七二）年十月八日に太政官の史官から呼び出され、翌九日に出頭したところ、「清国台湾へ差遣」の辞令を受けますが、使節団の編成が滞ったためなかなか進捗せず、苛立った樺山は十一月九日、陸軍大輔山縣有朋を訪れて談論します。

この間、鹿児島で起こっていた〝事情〟が気にかかる樺山は、折から帰郷する大西郷について十一月十日に品川を発ち、十七日に鹿児島に着きます。鹿児島の事情とは島津久光のことで、これを落ち着かせた樺山は、鹿児島県参事大山綱良と台湾事件を打ち合わせた後再び上京し、二十八日に新橋に到着するや、直ちに陸軍省に出頭して西郷従道少輔（陸軍少将）と野津鎮雄築造局長（陸軍少将）に会い、副島外務卿の特派使節団に加わって北京に往くことになります。

翌明治六（一八七三）年二月二十日に東京を発った樺山少佐は、使節団の一員として副島を支える外務大丞兼権少弁務使（四等官）の柳原前光の一行と長崎から同船して天津港に入り、それから北京入りしますが、先年仮調印したままの「日清修好条規」の批准に取り掛かった使節団は、四月三十日をもって批准を完了します。

六月二十一日になり、漂民殺害に関する談判のため副島大使が清国側に文書を呈出すると、清国側は、「生蕃が日本人を殺害したとは聞いていない、琉球人が難に遭ったとは聞いているが、琉球はもともと清国の一属国である」として譲りません。

日本側は「琉球のことを論じているのではない。生蕃の暴殺を問責するものである」と確言しますが、とっさのこととて返答はありません。ところが清国高官との話題は意外にも朝鮮国交問題に及び、「朝鮮国の外交は清国の関係するところでない」との言質を得た使節一同は、雀躍爽快の心情となります。

曖昧で不得要領ながら、「生蕃は化外の民にして清国の管轄に非ず」との言質を得た柳原前光公使（少弁務使）と、皇帝に跪拝の礼を求める清国側に対し国際儀礼の立礼を押し通した副島大使のことを、樺山は「柳原公使の英断にて、また大使の面目にして、豊公征韓以来の一大快事と云はざるべけんや、いずれか好時機を失せざらんや」と、日誌に記しています。

在住五年で支那語に通じた肥前人の成富忠蔵を通訳として加えた樺山一行は台湾に向かい、八月二十三日に淡水《たんすい》港に入港します。九月十日に宜蘭《ぎらん》に入り、ここで二週間近くを船の中で過ごし、九月二十三日にめざす蘇澳《そおう》の熟蕃《じゆくばん》部落に入ります。

台湾総督府官吏で台湾民俗の調査で知られる宜蘭都守藤崎誠之助は、『樺山資紀日誌』明治六年九月十六日条に、蘇澳方面を視察した樺山が「此処に日本人種ありと、因って探索せしも不明瞭なり」との記載があるのを知り、これを契機に現地で日本人の遺蹟を調査し、「西郷隆盛が台湾に滞在して一子を遺した」ことを突きとめます。

樺山氏から貸して頂いた井澤弘編『樺山資紀』が、十日から二十三日までの記載を省略していることは残念ですが、台湾省宜蘭県蘇澳鎮《すおうちん》の地方史家廖大慶さんによれば、昭和十（一九三五）年に基隆市が発行した入江晩風の『西郷南洲翁・基隆・蘇澳偵察「嘉永四年南方澳子孫残物語」』に、以下の話があるそうです。

嘉永四（一八五一）年春、二十五歳の西郷は禁猟の山に入り、死罪に相当する山火事を起こしますが、南方進出を企てていた藩主島津斉彬から、流罪の名目で台湾偵察の密命を受けます。台湾の基隆港から烏石《うせき》港を経て、至極の寒村であった宜蘭県蘇澳鎮南方澳《なんぽうおう》に上陸した西郷は、琉球人と称して熟蕃の家に入り、姉娘ローモーと懇《ねんご》ろになりました。半年後、突然家を出た西郷は、琉球諸島を回って年末に鹿児島に戻ります。

南方澳のローモーが出産した男児は劉と称して結婚し、一子呉亀力を儲けます。大正時代に台湾総督府が南方澳に港を建設したので、一帯の住民とともに呉亀力も花蓮《かれんこう》港に移住しますが、子宝に恵まれず、西郷の台湾における子孫は絶えました。

薩摩藩が秘密裏に決定していた台湾派兵

西郷隆盛は、薩摩で「マガタンシ（真方衆）」と呼ばれる族種の棟梁の家筋であると、吉薗明子さんから聞いています。いかに微禄といえどもマイノリティ真方衆のプリンスですから、島津斉彬は対等に近い礼遇をもって西郷に接したそうです。

そもそも薩摩・大隅両国は古来、南方からの渡来が絶えず多くの族種が定住した土地です。六尺褌《ふんどし》を締めこんで舳先に立つ「突きん棒漁」を得意とする隼人族はインドネシア系の海人ですが、ほかにも渡来系がいます。京都皇統の舎人から樺山資紀も「タカス」と聞きましたが、タカスとはどうやら、ポルトガル人とアジア人の混血種を指すようです。

鹿児島城下で薩摩農士たちの棲む方限《ほうぎり》の中でも、加治屋町方限はほんらい「鍛治屋町」で、先祖は伊集院の鉄砲鍛冶であったと、窪田志一著『岩屋天狗と千年王国』にあります。種子島に来着したポルトガル人の鉄砲鍛冶に、娘を与えて捻子《ねじ》の秘訣を学んだ伊集院の刀鍛冶部落で生まれた混血児が加治屋町方限の住民の先祖となったと、窪田は言うのです。

伊集院鍛冶のアタマは橋口姓ですが、樺山資紀も本姓は橋口で加治屋町方限の生まれですから、平仄《ひょうそく》が合います。そこで、大徳寺の筋とみられる某氏に、「タカス」とは何かと聞くと、「マカイエンサのようなもの」との答えが返ってきました。マカイエンサは、マカオに住むポルトガル人と漢人の混血族ですから、これも平仄が合います。

元帥上原勇作の叔母吉薗（岩切氏）ギンヅルは國體公卿堤哲長《つつみあきなが》の妾となり、生んだ子の林次郎が吉薗家を継ぎます。

林次郎の子の吉薗周蔵が調査したところ、吉薗家系の七代前にポルトガルの船員が入っていたことが判ったそうです。父系が公卿堤家の周蔵は、そのポルトガル人の血を受け継いではいませんが、林次郎より前の吉薗家そのものはタカスの遠縁と言っても間違いないようです。

橘氏の吉薗家は例外として、そもそも大隅と日向に多い「薗」「荘」「院」の付く苗字はすべて「隼人」の家筋だそうです。

ここで私見は、島津斉彬が台湾情勢と琉球および八重山群島の探索を西郷に頼んだのは、西郷がマガタンシのプリンスだったからで、また台湾と八重山群島にはマガタンシが住み着いていたからと推察します。宜蘭県蘇澳鎮南方澳はマガタンシの居住地かも知れず、西郷が入った熟蕃（平埔《へいほ》族《ぞく》）は、マガタンシだったのかもしれません。

ともかく、その家庭へ入って子供を作ったのは西郷自身が人質となったわけで、古来政略結婚の定式です。また、スパイを送り込む際には敵側から怪しまれないために、本家で犯罪を現実に犯して追放された形を取るのが常道ですから、例の山火事にはその疑いがあります。

明治七（一八七四）年に実行された「台湾征討」で征台都督に就いたのは、大西郷の後継者となった陸軍卿山縣有朋に次ぐ陸軍大輔の西郷従道（小西郷）です。この人事は陸軍内の序列からして当然ですが、小西郷が兄の意思に背くことはあり得ず、これをみても台湾征討が大西郷の意思に反したものとは思えません。

明治五（一八七二）年十二月の「徴兵告諭」により壮兵（志願兵）派と徴兵派のそれぞれの代表となった西郷兄弟は、政治的に両極に分かれたので、表面上は不仲に見えますが、それは背後勢力が言わせているだけです。兄弟とも生粋の軍人ですから、軍制はともかく、こと軍略に関しては一致しています。

それだけでなく、西郷が嘉永四（一八五一）年に行った台湾および八重山群島の偵察は、「台湾・先島《さきしま》経略」の準備のため、國體参謀本部の命を受けた島津斉彬の要請で行われたものと推察されます。島津斉彬の「南下政策」とは「台湾・先島経略」で、広くみれば「南島経略」の一部ですが、維新後も薩摩藩に伝わっていたことが、このときの樺山の行動から窺えます。

島津斉彬は、幕府に命じられた天下普請の財政難を救ってもらったことで、國體天皇伏見殿邦家親王の手駒となり、その腹心の西郷も國體奉公衆となりました。安政五（一八五八）年には、安政の大獄で幕吏に狙われた月照上人《げっしょうしょうにん》を薩摩に落とし、水死を装って逃しています。

清水寺成就院住職の月照は國體参謀で、青蓮院の魔王（のちに中川宮朝彦親王）と、國體参謀総長勧修寺宮（のちの山階宮晃《あきら》親王）との連絡を任務としていたのです。

台湾に男子を遺してきたものの斉彬遺命の台湾征討の機会が到来しなかった西郷は、二十二年後に副島と柳原が清国政府から「生蕃は化外の民」との言質を取り付けたと聞き、その功績を高く評価しています。

この点から見ても、この時点で、大西郷を中心とする旧薩摩藩関係者の間で台湾派兵が秘密裏に決定していたわけですから、大西郷が礼節外交を主張したのは、大使派遣が朝鮮有事をもたらして二兎作戦につながる可能性を毛頭も念頭に置いていなかったわけです。

台湾派兵を前にした大西郷は、むしろ板垣流の朝鮮出兵を事前に食い止める必要を感じ、閣議に提出された砲艦外交めいた外務省案を抑えて礼節外交を主張したのです。

これは要するに、「大西郷は宿願の台湾征討のため、征韓論を抑え込むために自らの朝鮮派遣を主張した」というべきです。

釜山（草梁倭館）から対馬→長崎→鹿児島→琉球（沖縄）→先島諸島→台湾→香港と連なる海上交易ルートを確保しようとする國體参謀としての戦略意識が、「大西郷の朝鮮使節派遣」と「小西郷の台湾出兵」として表れたのですが、両者はとくに矛盾しておらず、政策としての優先順位の争いが、いわゆる〝征韓論〟をめぐる対立とされているわけです。

副島に台湾出兵を勧めた陸軍准将ルジャンドル

明治五（一八七二）年、アメリカ合衆国厦門《アモイ》駐在総領事のチャールズ・ルジャンドル（李仙得）がアメリカに帰国の途中で日本に立ち寄り、駐日米国公使チャールズ・デロングを通じて、外務卿副島種臣に「台湾蛮人の懲罰」を提案してきました。

フランス生まれでアメリカに帰化したルジャンドルは、南北戦争の際グラント将軍の下で北軍大佐として戦った英雄で、准将に名誉進級して除隊し、慶応二（一八六六）年外交官として厦門領事に任じます。厦門領事は所在地のアモイのほか、淡水・基隆・台北・高雄の台湾四港を管轄していました。

慶応三（一八六七）年に米国船ローバー号が遭難し、乗組員が生蕃（原住民）に殺害される事件が発生すると、ルジャンドル領事は、台湾府の上級庁福建省の監督者である閩浙《びんせつ》総督（福建・浙江の総督）に面会し、台湾府知事に向けた紹介状を取り付けます。

武装商船を雇ったルジャンドルは、台湾南部の山岳地帯を通り抜けて生蕃部落へ辿り着き、酋長との間に難破した欧米船員の安全を保証するための条約を協議しました。

明治四（一八七一）年十月二十八日に発生した「宮古島漂民虐殺事件」は、ローバー号事件と酷似する事件のため、ルジャンドルは先年の条約を日本人にも適用するよう、改正を求めて渡台しますが、これには失敗します。琉球国に対する宗主権を継承した鹿児島県でも、参事大山綱良が翌同五年九月に台湾への軍隊派遣を提言します。

その状況をよく知る駐日米公使デロングが、ルジャンドル総領事を副島外務卿に紹介したのは、日本が抱えた台湾問題に、米国として介入する底意があったからです。

ルジャンドルが副島外務卿に提言した台湾問題の「武力解決案」を理解した副島から政府顧問就任を要望されたルジャンドルは、直ちに米国総領事職を辞し、明治五年十二月十二日をもって外務省顧問に登用され、また軍事顧問にも就きます。このとき、副島外務卿がルジャンドルを外務大輔格顧問として待遇したのはいかにも破格で、ルジャンドルの素姓がタダモノでないことを知っていたからと思われます。

明治七（一八七四）年の台湾派兵に当たり、派兵地を「台湾蕃地」と称したのは、福建省に属する台湾府の原住民の一部を「化外の民」とする清国軍機大臣の発言を言質とし、その居住地を「無主の地」と認識した意味を込めた呼称です。化外民の居留地を無き地と見なす日本の台湾派兵には、国際法上ないし国際慣習上でいかなる問題が生じるか予想もつきません。

これを畏れた副島外務卿は、台湾派兵に関する国際公論を作る目的で、あらかじめ駐日アメリカ公使と同盟しておくことを考えたのです。さいわい米国駐日公使デロングがルジャンドルを支援していたので、ルジャンドルの存在はまさに「渡りに船」ですが、台湾派兵を公式に表明するのは岩倉使節団の帰朝まで待つ必要があります。

明治六（一八七三）年二月、副島外務卿はルジャンドル顧問と柳原外務大丞を伴い、「宮古島漂民虐殺事件」処理のための特命全権公使として北京へ向かいます。

その後、折から六月十二日の正院閣議で朝鮮国交促進のための西郷大使派遣をめぐる論議が起こり、八月には西郷派遣が決議されますが、天皇の勅裁で使節団の帰朝待ちとされます。九月に帰朝した使節団と留守政府の紛糾が生じると、これに巻き込まれて参議に就けられた副島は明治六年十月二十三日の政変で、たった十二日間で参議を辞し、ついでに外務卿もやめて下野します。

正院閣議が西郷派遣を論じていたずっと以前から、副島とルジャンドルは台湾派兵計画を進めていましたが、十月七日に米国公使がデロングからジョン・ビンハムに交替します。十月二十四日に副島が辞した外務卿は、十月二十八日付けで寺島宗則が継ぎますが、副島から大久保内務卿に引き合わせられたルジャンドルは、引き続き政府顧問を続けます。

英米公使の掌返しと木戸孝允の出兵反対

明治七（一八七四）年二月一日に勃発した「佐賀の乱」は三月一日に早くも平定され、江藤新平は四月十三日に処刑されます。その九日前の四月四日、陸軍少将西郷従道は陸軍中将に進級して台湾蕃地事務都督に補せられます。また参議兼大蔵卿大隈重信も台湾蕃地事務局長官を兼務します。これをもって台湾出兵がようやく具体化したのです。

ところが、それまで日本の台湾派兵を他人事として静観していた清国政府が、突然異議を唱えだし、副島を支持していた米国公使デロングと交替した米公使ビンガムも局外中立を宣言し、さらに副島を支援していた英国公使パークスさえも、意見を転換して出兵を批判します。

新政府でも、参議木戸孝允は、「西郷の朝鮮派遣を否認しておきながら、台湾への派兵は筋が通らぬ」として大隈と西郷従道の人事に反対し、四月十八日に参議を辞して下野してしまいます。

このため新政府は四月十九日に台湾派兵中止を決定し、台湾蕃地事務局では長官大隈重信が都督西郷従道に出兵中止を伝えますが、小西郷は聴きいれず出航準備を進めます。日本政府軍事顧問のルジャンドルも長崎で出征準備を整えており、これを引き止めるために参議兼内務卿大久保利通が急遽長崎に向かいます。

大久保の到着と入れ違いに五月十八日、西郷従道率いる外征部隊は長崎を出航してしまい、ルジャンドルだけを伴って大久保は帰京しました。むろん八百長で、大久保と小西郷の間に黙約があったのは当然です。

長州國體派の首頭の木戸は王政復古の当初から維新の理念にこだわり、慶応四年二月の版籍奉還の提言をはじめ、理想主義に基づく制度設計を新政府に提案したので、現実の壁に突き当たり専制権力で状況を打開しようとしていた大久保と、ことごとく対立します。

この両人が珍しく一致したのが西郷の朝鮮派遣問題です。閣議を欠席しながら西郷の朝鮮派遣に反対した参議木戸孝允は、今また台湾出兵にも反対します。その理由を、史家は「内治優先」としか説明できないまま、今日に至りました。

内治はほんらい大久保の領分で、その大久保が表向きとは反対に実際に台湾出兵を敢行したのですから、木戸の台湾派兵反対は政治家としてではなく、政治評論家としての発言みたいなものです。

木戸はほんらい対鮮積極論者ですから、西郷派遣には心底では賛成だったとみられますが、使節団首脳の合意として朝鮮ノータッチを決めたので、やむなく内治優先を理由として西郷派遣に反対したものと思われます。

ところが台湾出兵には、木戸としては反対する理由がありません。七月に帰国していた木戸が、台湾出兵に向けて副島が動いているのを知るのは当然で、知りながら沈黙していたのは黙認していたわけなのに、出兵策が具体化するや反対論を述べたのは、政治的姿勢です。

「朝鮮派遣を辞めたのに、台湾派兵はおかしい」と論じた木戸の言い分は、「台湾に出兵するのなら、何も西郷の朝鮮派遣も止めることはなかったじゃないか！」という一種の反語で、主意は後半にあるのです。木戸は内心、西郷を朝鮮へ行かせてやりたかったのです。

新政府発足の当初から執行役員でなく監査役めいた言動で、時どき引退意向をちらつかせていた木戸の心底に何があったか。

私見はそれを、王政復古で使命を成就した木戸は、父祖の地の欧州へ戻りたかったのではないか、と想像しています。

真の〝ラストサムライ〟は松平春嶽の娘婿

一八三〇（文政十三）年にフランス南東部のウランで生まれたルジャンドルはパリ大学に学び、二十四歳のときベルギーのブリュッセルでニューヨークの著名弁護士の娘クララ・ヴィクトリア・

ミュロックと結婚し、米国に移住して帰化します。

一八六一（文久元）年に南北戦争が勃発すると、ニューヨーク歩兵連隊に志願したルジャンドルは、少佐に任官して各地で奮戦し、ニューバーンの戦いで重傷を負いますが脱落せず、中佐に進級します。

第九軍の旗下で一八六三（文久三）年に大佐に進級したルジャンドルは、グラント将軍率いる北軍十万の兵士とリー将軍率いる南軍六万の兵士が闘った激戦として有名な「ヴァージニアの荒野の戦い」で顔面に敵弾を受けて左目と鼻を失います。

根っから軍人気質のルジャンドルは入院しながらも軍務を手伝い、一八六四（元治元）年に名誉除隊し、翌年には准将に名誉進級します。時歳に数え年三十五ですから、いかに優秀な軍人か想像に余りあります。

近年、『ラストサムライ』という映画でトム・クルーズが演じたネイサン・オールグレンは、幕府のフランス軍事顧問として来日し箱館戦争で幕軍に加わって戦った砲兵大尉ジュール・ブリュネがモデルですが、ルジャンドルの現役時代の戦歴はブリュネを遥かに上回り、外交官時代にもその勇気を台湾で示しています。

明治七（一八七四）年生まれの伝説的な名優十五代目市村羽左衛門《いちむらうざえもん》はルジャンドルの実子で、母は越前侯松平春嶽の庶子池田絲《いけだいと》です。つまりルジャンドルは春嶽の女婿なのです。明治五（一八七二）年秋に来日したルジャンドルは、すぐに池田絲と懇ろになり、春嶽の事実上の女婿となって、羽左衛門が生まれたわけです。

これを推察するに、春嶽侯の落胤《らくいん》池田絲の生母は勧修寺衆の「くの一」で、ルジャンドルの素姓と能力および今後の活動を計算したうえで、これをルジャンドルに付けたのは國體参謀総長の山階宮晃親王でした。このあたりはシャルル・ド・モンブランと上原勇作のケースと酷似しています。

ルジャンドルと絲の間に生まれた羽左衛門には二人の妹がいて、その一人愛子が実業家関谷祐之介に嫁いで生まれた関屋敏子は天才少女として知られ、有名な声楽家になりました。

都督西郷従道の遠征部隊が出航してしまい、やむなく大久保と東京へ戻ったルジャンドルは、個人として台湾遠征に参加するつもりでいたところ、対清外交交渉のため福建省都の福州に派遣されます。その際にアメリカ上海総領事から職場放棄の罪に問われたルジャンドルは、短期間ながら収監されたために、ついに参戦できなかったと言われます。つまり、ルジャンドルはアメリカ外務省に原籍がありながら日本政府顧問に就いていたと考えられます。

ベルギーのブリュッセルは欧州王統宮の本拠で、パリ大学を出てこの地に渡ったルジャンドルが結婚したクララ・ヴィクトリア・ミュロックはベルギー系米人と推定されます。結婚直後にアメリカに渡ったルジャンドルが三十二歳で北軍に志願するまでの経歴は未詳ですが、おそらく法律事務でしょうか。その後、四年の軍歴を経て外交官になったのは、欧州大塔宮が一族のルジャンドルに下した指令によるものと推定されます。

ルジャンドルの経歴で連想するのが白山伯シャルル・ド・モンブランです。

ベルギー男爵シャルル・ド・モンブランは、フランスの伯爵として一八六七年のパリ万博で薩摩藩琉球国代表団の事務総長となり、薩摩に渡来して島津家の外交顧問となり、島津家の姫君を妻とし、幕末維新にかけて薩摩藩と新政府の外交政策を指導して、著しい成果を挙げました。この功績から初代パリ駐在日本総領事に任じられたモンブランは、パリの自邸を日本領事館として提供し、明治三（一八七〇）年閏十月二日に外務大丞鮫島尚信《さめじまひさのぶ》が少弁務使となって赴任するまでの間、総領事を勤めます。

『明治史要』明治九（一八七六）年四月五日条に、「初め我の台湾に事ありしや、全権公使柳原前光清国と弁対して功あり、米人リセントル、仏人ファソナードも亦其事《そのこと》に参与す。この日之を賞し、前光に金幣《きんぺい》、二人に二等賞牌及び金幣を賜ふ」とあります。

二等賞牌とは勲二等旭日重光章のことですが、さらに金幣（賞金）の説明として「前光一千円、リセントル二千円、ファソナード二千五百円」とあります。このリセントルこそルジャンドル（李仙得）です。

ファソナードとは御雇い外人のフランス人法学者ギュスターヴ・エミール・ボアソナードのことで、国際法にも通じていたボアソナードは、台湾派兵後の北京交渉に大久保利通代表の補佐として随行し、条約締結に多大の功労があったので、ルジャンドルと並んで勲二等旭日重光章を受けたのです。これが外国人叙勲の嚆矢となりますが、外務大輔格顧問のルジャンドルは中央省庁の次官（大輔）が貰う勲二等が官位に相当しているのです。

要するに、台湾派兵においては、ルジャンドルが〝マッチ〟で、ボアソナードが〝ポンプ〟の役を果たしたのですが、賞金はポンプの方がやや多かったのです。刑法・民法にわたり国内法の整備に大きな役割を果たして「日本近代法の父」と呼ばれたボアソナードは、後年に大臣クラスの勲一

フランス生まれのアメリカ人チャールズ・ルジャンドル（李仙得）は
明治新政府の外交顧問を務め、「台湾蛮人征伐」を主張した

米国の底意をもって日台問題に介入した
駐日米国公使チャールズ・デロング

ルジャンドルの
妻・池田絲は
越前侯の庶子

今も名優の誉れの高い
十五代目市村羽左衛門

越前侯・松平春嶽

天才少女歌手・関谷敏子も
ルジャンドルの血を引く

等瑞宝章を受け、さらに上級の勲一等旭日大綬章を賜りますが、台湾派兵における功績ではルジャンドルと甲乙がなかったのです。

外務大丞（四等官）として歴代外務卿を援け、台湾派兵にはことに著しい功績があった柳原前光は、このときに元老院議官（一等官）ですが、柳原を上回る金幣がルジャンドルに与えられたのは、その功績の大きさを示しています。

それから大隈重信の顧問となって明治二十三（一八九〇）年まで日本にいたルジャンドルは、同年三月に朝鮮に渡り、朝鮮国王高宗《こうそう》の顧問となり、明治三十二（一八九九）年にソウルで亡くなります。

島津侯が女婿にしたモンブラン伯爵が欧州大塔宮の末裔であることは間違いありませんが、その外にも、欧州大塔宮は、開国に戸惑う日本を助ける人材として、同族および海外後南朝勢を日本に送り込んできました。

松平春嶽の女婿となったルジャンドルも、その一員とみるのが当然です。

第六章

史家が見誤る「明治六年政変」の真相

再び発揮された政体明治天皇のフィクサー性

外務大丞花房義質のたび重なる国交交渉に応じない朝鮮では排日気運が日々に強まり、明治六(一八七三)年の四〜五月には釜山で官憲主導の排日運動が生じます。これを受けて民間で征韓論が沸騰した日本では、明治六年六月十二日の閣議で朝鮮問題が正式に諮《はか》られます。

当時は四藩連立内閣で、各藩を代表する西郷(薩摩)、木戸(長州)、板垣(土佐)、大隈(肥前)の四参議のうち、木戸は使節団副使となって参議を休職中でした。

使節団の不在中に、大久保大蔵卿代行者の大蔵大輔井上馨《いのうえかおる》と司法卿江藤新平の間に予算をめぐる意見の一致を見ず、これに対応するため、参議の権限強化を図った留守政府は同六年四月十九日、左院議長後藤象次郎(土佐)、司法卿江藤新平(肥前)、文部卿大木喬任(肥前)の三人を参議に登用します。

その後の五月二日、大蔵省を主として各省の権限を削った留守政府は、行政権力を正院に集中するとともに一切の政務は内閣議官たる参議を通じることを決定し、「内閣」の語がここに始まります。

これを「太政官制潤飾《じゅんしょく》」といい、参議の権力が強大化されたのに対し、大臣と各卿の権力は縮小します。後藤・大木・江藤が新たに加わり、併せて七名となった七参議のうち、西郷・板垣・後藤・江藤に、閣議の前日に参議になった副島を加えた五参議が唱えた「対鮮使節即刻派遣論」を、巷間では「征韓論」と呼ぶようになった経緯は前述しました。

右の五参議に反対し、「対鮮使節派遣」の無期延期を叫んだのが、岩倉・木戸・大隈・大木と閣議の二日前に参議になった大久保です。前述したように、朝鮮問題を初めて正式に諮ったのは明治六年六月十二日の閣議で、参議板垣退助は、居留民保護を名目にした派兵を唱えますが、実質首相の参議西郷隆盛は派兵に反対します。

退助どんは戦《ゆっさ》しに往けと言いもはるか。じゃっどん、そいでは皇国の外交になりもっさん。外交は礼節を正しゅうするのが皇国の道じゃ。どうか俺《おい》を開国勧告の全権使節として朝鮮に行かせて給《たも》んせ。

これを受けて八月十七日の正院閣議では、西郷を全権大使として朝鮮に即時派遣する案を討議したところ、今度は異論なく決まります。使節団組の大久保はすでに五月二十六日に帰朝していますが、参議でないので閣議に加わっていません。木戸は七月二十三日に帰朝していますが、参議を休職中ですから八月十七日の閣議に出席していません。

閣議決定した西郷派遣案を太政大臣三条実美が、箱根で御静養中の天皇に上奏しますと、天皇は直ちに裁可されたものの、なぜか発表の保留を命じます。「遣欧使節団との協定に基づき、岩倉の帰国を待ち熟議してからにせよ」と言われたのです。

たとい発表の保留にせよ、天皇独自の意見で議決を却下したことは注目されます。小御所会議の際に見せたフィクサーぶりが、ここで再び発揮されたのです。

九月十三日に帰朝した岩倉が、早速三条と協議したのは、休職中の木戸参議の職務復帰と大久保の参議就任ですが、参議就任を固辞する大久保の説得に時間がかかり過ぎて、閣議がなかなか開かれません。

留守政府で生じた不和の解消のため帰任命令を受けて途中で帰朝した大久保が、帰国してから意気消沈していたのは、使節団の使命失敗を自覚したのか、留守政府が進めた制度改革に憤慨したのかは論が分かれています。

本当のところ、大久保にとって岩倉使節団とは、「制度改革の邪魔者と見られて体よく海外に連れ出され」るための仕掛けですから、帰国してそれを覚った大久保が意気消沈したのも無理はありません。岩倉は、フィラデルフィアで会った小栗に国際情勢を教わって国是の方針が立ち、木戸と伊藤は不在中に制度改革が進行していたことを、使節団の目的達成として喜ぶ立場です。

閣議で決定した自身の訪韓が、天皇の裁可を得た西郷は、あとは岩倉・木戸の承諾を取り付けるだけです。岩倉右大臣と木戸参議が出席した正院閣議が承認すれば、西郷の渡韓は即時発表となりますが、まさか彼らが反対することなど西郷にも他の参議にも考えられない状況だったのです。

ところが使節団が帰国したにもかかわらず、三条と岩倉は一向に閣議を招集しません。使節在任の間、参議を休職していた木戸の復職は形式的手続きですが、大久保の新参議就任が滞っていたのです。

「帰国した岩倉・木戸が出席した閣議で、改めて決定するだけ」と考えていたのは、西郷だけではなく、これまでの経緯からして板垣・大隈・後藤・江藤・大木の諸参議も当然同じです。この後の十月の閣議で、大隈と大木が反対組に寝返りますが、その経緯は、「大隈に対して岩倉が、また大木に対して大久保が、秘かに工作の手を伸ばした」とみるのが合理的です。

三条と岩倉は、参議に就いていない実力者大久保の扱いを討議していたのです。天皇がいわれた熟議とは正院閣議を指し、メンバーは三条・岩倉両大臣と七参議です。

使節団の出立する際は、薩長土肥の各藩一名ずつだった参議が、不在中に後藤および江藤・大木を新参議に加えたことで、薩と長が西郷・木戸で各一名に対し、土佐が板垣・後藤の二名、肥前に至っては大隈・江藤・大木と実に三名になりました。この構成は「戊辰戦功賞典表」とは、ちょうど逆の順となっています。

戊辰戦功の賞典禄は、薩長が各十万石、土佐が四万石、肥前が二万石だったのです。あたかも今日の選挙区問題と同じで、「一票の重み」ならぬ「一俵の重み」が著しく歪んだのです。

「西郷は本気で朝鮮征伐を望む」との妄説の根拠

「太政官制潤飾」で強化された参議に大久保が就かないのは著しく不公正ですから、帰国した使節団が留守政府の勝手な人事を責めたのはもっともです。岩倉と並ぶ政体トップの大久保を外した正院閣議には実効性がないところから、使節団の帰朝後に開かれる正院閣議は、「まず参議の構成を是正してから行うべきである」との意見が出て当然です。

使節団の不在中に太政官制潤飾を行い新参議を登用したのは、まさに土佐・肥前のゲリマンダー

（勝手な選挙区割り）で、これをあえて許した三条と西郷は、政体薩長藩閥から見れば「反逆罪」に相当します。もっとも、それを言うのなら、事情を知ったうえで大久保を国外に連れ出した岩倉も、その片棒を担いだ木戸も、本当は共謀共同正犯です。

「明治六年政変」の後で起こった民撰議院期成運動や自由民権運動の主流となるのは、すべて國體派で、①板垣・陸奥らの土佐派、②大隈・尾崎らの小栗派、③三条実美らの國體公卿です。

十一年前の文久二（一八六二）年、和宮降嫁を進めたために三条実美から公武合体派と批判されて蟄居に追い込まれた岩倉は、蟄居時代に薩摩藩と組んで尊攘倒幕に走ります。

そこで薩摩藩士大久保と組んだ岩倉は、王政復古の小御所会議で二人して徳川慶喜の新政参加を排除したことで新政府の首脳となり、以後は常に政体側にいながらウラで國體派と通じていました。政体に侵入した國體公卿とは、この岩倉のことを指すのです。

欧米巡遊から帰国した岩倉が早速三条と討議したのは、木戸参議の職務復帰と大久保の新参議登用ですが、大久保の参議登用は、閣議で西郷派遣を潰させるのが条件ですから、この役割を嫌がった大久保は承諾しなかったのです。

西郷からすれば、自分の訪韓はすでに閣議が正式に決定し、閣議にいなかった岩倉と木戸の事後承認を得るために、ひたすら二人の帰国を待っていたのです。ところが三条と岩倉がいっこうに閣議を開催しようとしないので、苛立った西郷は、なぜ閣議が遅れているのかと両大臣を責めます。

「ここで三条と岩倉に、西郷が本気で朝鮮征伐をしたがっているとの誤解が生じた」というのが毛利敏彦説（『明治六年政変』）です。

その論拠は、自分の派遣案の店晒しを憤った西郷から厳しく責められた三条と岩倉が、「西郷が派遣を望むのは本気で朝鮮と戦争をしたがっているためと錯覚した」との一点に尽き、しかも、「それを煽り立てたのが使節団副使の工部大輔伊藤博文」というものです。

毛利説の根底をなすのは、「帰朝した伊藤が、不在中に同志の長州派が江藤司法卿に追い込まれて没落寸前になっているのに驚愕し、長州派を立て直すために薩長の再同盟を図り、木戸と大久保の和解を図った」との主張です。

また、「長州汚職組の安泰を図る意図から、大久保を参議にすることで西郷を味方につけ、薩摩勢に江藤を排撃させよう」と考えた伊藤が、大久保を参議にするように岩倉に懇願したものの、なかなか実現しないので、伊藤は大久保の参議就任を促進させるため、「西郷は本当に朝鮮と戦争するつもりだ。早く大久保に止めさせないといけない」と、岩倉に「申し向けた」とするのが、毛利説です。

欧州大塔宮の遠隔操作が閣議を紛糾させた

結論を言えば、私見は毛利説にまったく反対です。

三条と岩倉は、とてものことにそんな単純な伊藤の嗾《けしか》けに乗るようなナイーヴな人格ではありません。しかも毛利説は伊藤を誤解しています。それは伊藤の素姓を知らないからです。貴種筋に生まれた伊藤博文は、大室寅之祐に近づく立場として百姓の籍に入れられたのです。

そのことは京都皇統の舎人だけでなく、大徳寺に近い吉薗明子氏からも聞きました。伊藤博文の素姓は聞かされていませんが、後南朝系か國體公卿であることはたしかで、とにかく伊藤には毛利氏が説くような、浅はかな藩閥意識がないことが著しい特徴です。

私の洞察した十月十四〜十五日の閣議の真相は、「西郷の熱意にも拘らず、欧州大塔宮の指示を受けた堀川御所が、國體天皇の方針として朝鮮派遣禁止を決め、それを伝えられた三条と岩倉が、公家流の遠隔操作により大久保に反対させた」というものです。

具体的には、「岩倉の依頼を受けた大久保が西郷派遣の延期を閣議で痛論し、岩倉の命を受けた大隈と、大久保の指示を受けた大木が揃って延期論に寝返ったので、議決は賛否同数に持ち込まれた」のです。

これに対して毛利説は、要するに、

対鮮戦争に反対の三条・岩倉の両大臣が、戦争につながる西郷の朝鮮派遣に反対を叫ばせる目的で大久保に参議就任を要請したが、それは伊藤の術策に嵌ったのである。

一方、長州勢の追い落としを進める江藤を掣肘するために薩摩の力を借りようと考えた伊藤が、そのために大久保を参議にして西郷と手打ちさせ、江藤を排撃させようとした。

というのです。

江藤参議に責められる長州勢の救済を望む伊藤を主体とする毛利説をチャート化すると……、

①江藤排除のための薩長再同盟を企て、
②そのために木戸と大久保を提携させ、
③そのために大久保の参議就任を図り、
④そのために岩倉・三条へウソの西郷征韓希望説を吹き込む、というものです。
この後、主体が代わり……、
⑤三条と岩倉が、西郷派遣を延期させるために大久保に参議就任を懇願、
⑥新参議大久保が西郷派遣に反対、
⑦西郷が憤激して大久保と対立、となります。

毛利によれば、伊藤の最終目的は「長州汚職組の救済」で、その条件たる「大久保参議の実現」を実現するために、岩倉・三条に「西郷は征韓論者というウソ」を吹き込んだというわけです。ところが、伊藤の希望通り参議に就いた大久保は、「西郷派遣に反対」を請け負っていたのですから、これを実行すれば薩摩勢が内部分裂してしまい、薩長再同盟など思いもよりません。これをしも矛盾といいます。

毛利説が辛うじて成り立つのは、参議に就任した大久保が、西郷派遣反対を凍結したまま、方向を変えて木戸と提携し、江藤排撃に向かう展開です。そうは問屋が卸すはずもなく、現実にも、紆余曲折後の結果は「憤激した西郷と大久保の対立」となり、ついに西南戦役になりました。

江藤新平を征韓論者とする通説の誤謬

「伊藤博文の策謀が西南戦役の遠因となった」となってしまう毛利説は、いかがなものかと思われますが、江藤排撃そのものは現実に成功しました。それは「一ノ秘策」が功を奏したから、というのが毛利説です。「一ノ秘策」の詳しい内容はよく分かりませんが、江藤新平が司法卿を辞めた理由は「一ノ秘策」ではありません。

江藤が司法卿を辞めたのは、明治六（一八七三）年四月十九日の太政官制潤飾で参議に就いたからです。また参議辞職は、「明治天皇の勅裁」により西郷訪韓が禁止されたことで、西郷派遣派の五参議が御意に背いたとして連袂《れんぺい》辞職したのですが、もし「一ノ秘策」が功を奏して勅裁が西郷派遣を禁止したことで、江藤が参議を辞職したのなら、「一ノ秘策」が間接的に江藤を辞任させたことにはなります。

岩倉と三条は、正院閣議で西郷派遣反対を唱えさせるため大久保に参議就任を要請しますが、大久保は承諾しません。

参議を嫌がっていた大久保は十月八日になり、「三条・岩倉の御雇い総会屋」であることを明確にして参議を引き受けますが、条件として「三条・岩倉が朝鮮使節処理方針を確定し、中途で変節しないことを文書で確約すること」、および「副島の参議就任」を要求します。

このとき大久保の脳裏に浮かんだのは、六年前の「小御所会議」の場面ではなかったか、と思います。あのとき、岩倉と大久保がタッグを組み総会屋的なパフォーマンスで、山内容堂と後藤象二郎の土佐組を押さえたからこそ、今日の岩倉右大臣と大久保大蔵卿が存在するのです。これを思い出した大久保は、「もう一度岩倉と組んであの場面を再現するのが自分の役回りか」、と覚ったのでしょう。

大久保は十二日に参議に就任し、一日遅れて副島が十三日に参議に就きます。ところが副島は、十四日の閣議で西郷派遣に賛成し、派遣に反対する大久保の足を引っ張ります。副島を参議に就けていなければ、五対四で派遣反対派が勝っていたのです。あるいは、副島が肥前藩の同志大隈・大木のように反対に転じていたなら、閣議は六対四でカタが付いたわけです。

そんな副島をわざわざ参議にした大久保の魂胆は考究を必要としますが、推察すると、三条の依頼を受けて御雇い総会屋となった大久保は、「是が非でも西郷に勝つべし」とは思っていなかったことになります。「閣議では三条と岩倉の要請通り言うだけ言えば、そのあとは西郷に勝たせるも良し」と考えていたのかもしれません。

ともかく、帰国した岩倉と木戸に大久保と副島の新参議を加えた正院閣議が十月十四日に開かれ、大久保は、三条との約束通り、西郷派遣の反対を痛論します。

八月十七日の議決にしたがい、自分の即刻朝鮮派遣を求める西郷に、大久保が「もし貴君が朝鮮で殺されでもしたら戦争になり、財政と外交がもたない」などと理由にもならない反論をすると、西郷から即座に、「俺《おい》は外交交渉には行きもすも、戦《ゆっさ》をしに往く気はごわはん」と切り返されます。

よく知られている鈴木年基の錦絵はこのときの模様で、大勢の高官が居並んでいますが、正院閣議は儀式ではないため非公開のはずです。ただし大久保の要求で、伊藤博文がオブザーバーとして立ち会っていたのは、使節団首脳の合意のために閣議で奮戦する役回りとなった大久保が、合意者の伊藤を証人として、閣議に立ち会わせたのです。

閣議で大久保は、朝鮮をテロリスト国家と決めつけ、「西郷は必定殺《ひつじょう》されるから、敵討ちに出兵せねばならぬ」と強弁を重ねますが、いかにも道理に乏しく、稀代の論客として鳴らした面影はありません。

大久保を支援するために岩倉が、日露雑居の樺太で発生した住民同士の紛争を持ち出し、「樺太を優先する必要があるから朝鮮派遣は後回しにすべきではないか」と言い出すと、江藤は、「樺太は民間人同士の紛争であるから通常の外交交渉で済むが、朝鮮使節は国家間の問題である」と切り返す内容の書簡をしたためて翌十五日の閣議用に提出し、さらに「閣議決定済みの派遣を取り消さねばならぬほど、相手国の朝鮮がテロリスト国家であるならば、そんな国との外交交渉はもはや無意味であるから西郷を派遣するまでもなく直ちに戦争準備に入るべきではないのか！」と、道理の通った主張をします。

江藤のこの主張は、部分的には戦争を唱えていますが、誰がみても「征韓論」などではなく、大久保説の論理的矛盾を突くための比喩です。

ところが、これをもって江藤を征韓論者とする史家が多いと聞いては、呆れるしかありません。所論の全体を見ずに言葉尻だけを捉えるのは国会運営における野党の常道で、これに無能ジャーナリズムの無益報道が相まって国政に遅滞をもたらしていますが、この風潮が史学界にまで蔓延して

鈴木年基の錦絵「征韓議論圖」。
中央に西郷隆盛、右に江藤新平。
左に岩倉具視

同じく「征韓論之圖」。
中央に陣取るのが
西郷隆盛

いるとはまことに嘆かわしいことです。

岩倉具視に太政大臣〝代行〟させた明治天皇親諭

木戸参議が病気欠席の中で明治六（一八七三）年十月十四日に開かれた正院閣議の派遣賛成派は、西郷・板垣・副島・江藤・後藤の留守組五参議です。反対派は岩倉・大久保・木戸（欠席）の使節組に、賛成派から寝返った大木・大隈二人を加えて五人となり賛否同数です。

二日目の十月十五日は、西郷が「すでに言い尽くした」として欠席しますが、大久保以外の参議はすべて西郷派遣案に賛成します。当日の大久保の日記には「三条・岩倉も八月十七日の議決を確認した」とあり、ゆえに西郷は「征韓論には敗れてはいない」とする毛利説には賛同します。

二日目の会議でも、御雇い総会屋として派遣反対を主張した大久保は、依頼主の三条と岩倉に裏切られますが、閣議は最終的に満場一致が原則で、それ以上の反対ができなかった大久保は、十七日に三条邸へ推参して参議辞任と位階返上を申し出たうえ、総会屋コンビのパートナー岩倉にも憤りをぶつけたので岩倉も耐え切れず、三条に辞意を表明します。

同日、西郷らは「正院事務章程にしたがって速やかに閣議決定を天皇に上奏するよう」、三条太政大臣に要請します。

太政大臣としての職分上早急になすべき上奏の、一日の猶予を請うた三条は、岩倉に相談したあと帰宅して卒倒し、人事不省に陥りました。明らかに、岩倉と談合した上での仮病ですから、その内容を探らねばなりません。
三条の急病で、太政官職制に基づき右大臣岩倉が太政大臣代理に就任します。太政大臣代理の職務は、三条の上奏を代理することです。毛利説は、

ここで伊藤博文が「岩倉が自分の意見をも併せて奏上することで、天皇を誘導して派遣延期の勅裁を引き出す」という策謀を、大久保に提案した。

とするのですが、これには下記の理由で絶対に賛同できません。毛利説はさらに、

伊藤の提案を断った大久保が、腹心の開拓次官黒田清隆に「一ノ秘策」を授け、宮内少輔吉井友実に宮中工作を行った結果、「天皇は二十日に三条邸への見舞いのあと岩倉邸に臨幸して、岩倉を太政大臣代理に任命した」ことを指摘して、このような演出をしなくとも、「太政官職制」の代理に関する規定にしたがえば、右大臣岩倉は当然太政大臣三条の代理であるのに、ここまでしたのは「一ノ秘策」を正当化したい含みがあったからであろう。

と論じますが、これに対して私見は絶対に反対します。
たしかに、『明治史要』明治六年十月二十日条は、「太政大臣三条実美病アリ、車駕《しやが》（天皇）親臨シテ之ヲ問フ。右大臣岩倉具視モ亦《また》数日朝《ちよう》セズ。車駕遂ニソノ第《やしき》ニ臨ミ、親諭シテ実美ニ代リ事ヲ

視セシム」と記しています。

三条の病臥を聞いた天皇は自邸まで見舞いに行き、さらに数日の間欠勤が続いていた岩倉の自宅を訪れて命じたのが「実美ニ代リ、事ヲ視ル」ことです。これを、「天皇が太政官職制の代理に関する規定を確認した」と解するのが毛利説ですが、私見はこれとまったく異なり、「天皇は太政大臣を代行する権限を岩倉に与えた」と解釈します。

つまり、天皇から「実美ニ代リ事ヲ視セシム」ことを親諭されたことで、岩倉は太政大臣代行の権限を与えられたのです。天皇は、ご自身の「親諭」をもって、「太政官職制の代理に関する規定は適用されなくなった」ことを確認したのです。

ところが「代行」は、本人（三条）に代わった代行者（岩倉）が、自身のままで存在しています。「代理」とは、本人（三条）に代わって本人（三条）のために行う行為で、代理人（岩倉）は本人（三条）から「依頼された範囲の権限」（奏上）を行使できるだけで、結果は本人（三条）に帰属します。

つまり、代行者（岩倉）自身が本人（三条）と「同等の権限」を持ち、結果も自身（岩倉）に帰属するのです。

例えば民主党の「幹事長代行」は、幹事長に代わって職務を遂行することが出来ますが、「幹事長代理」は幹事長の指示を受けて活動する職務なので、両者の権限は大きく異なり、代行の方がはるかに広く、強大です。「太政官職制」の規定上当然に「太政大臣代理」となる岩倉は、天皇から「実美ニ代リ事ヲ視ヨ」と「親諭」されたことにより、一変して「太政大臣代行」になったのです。

ゆえに、毛利氏の言う「一ノ秘策」の実質的な意味は、「岩倉に対する太政大臣代行権の授与」と推察することができます。

ちなみに、司法書士の世界では、右の説明とは全く異なり、「代行」を「単なる使者」と解していますが、これは司法書士業界に限っての話であって、一般の社会常識とは異なっています。

「一ノ秘策」を読み切った西郷、読めなかった江藤

そんな「一ノ秘策」を知る由もない西郷・板垣・副島・江藤は、二十二日に岩倉邸に押しかけ、即時派遣の決定を上奏するよう要請します。「太政官職制」「正院事務章程」によれば、大臣には閣議決定案件を直ちに上奏すべき職務上の義務がありますが、三条が卒倒したために上奏が延期されていたのです。

この要請に対し、「太政大臣による派遣決定は当然上奏するが、太政大臣代理であるわが個人意見も上奏する」と、岩倉は主張します。これは用語上は「太政大臣代行者」というのが正しいのですが、そのことを百四十四年間、岩倉自身を含めて誰も気がつかなかったようです（いや、それがいたことが判明しました。後で述べます）。

これを聞いた江藤は、さすがに元司法卿で、「代理人が本人の意向通りに行動すべきは法律の原則ならずや」と指摘しますが岩倉は聞き入れず、二十三日に三条の「代理として」奏上する派遣案に、自分の意見を付して奏上することを告げます。

岩倉がこれをと確言したのは、二十日の天皇親諭により、自分が太政大臣代行者となったことを実感していたからです。そのことに江藤が気づかなかったのは、二十日の天皇親諭の意味を知らず、単なる欠勤見舞いくらいに解釈してしまったからと思われます。

ところが西郷は、岩倉の自説奏上の決意を聞いた途端に辞表を出し、忽然と姿を隠します。さすがに天才的武人西郷は、岩倉の態度から「一ノ秘策」の存在とその結果を読み切ったのです。

岩倉邸を訪れた明治天皇が、岩倉に何かを授けたと覚った西郷は、「わが事ついに終る」と観念して、薩摩に帰るべく姿を消したのです。毛利はこれを、「朝鮮派遣論に敗れたのではなく、岩倉の無法ぶりに抗議する意味での辞職」と解釈していますが、これにも私見は与《くみ》することはできません。

十四日の閣議で大久保を支援した岩倉があえて自説を奏上するとあらば、その内容は派遣反対と決まっています。その態度から、「天皇は必ず派遣反対の岩倉案を採用するはず」と読んだのは、軍人としての西郷の直観だけではないと考えられます。

それは西郷が、大久保と自分と並んで薩摩三傑といわれる親友の宮内少輔（三等官）吉井友実から、二十日の岩倉邸行幸の意味について、秘かに情報を得ていた可能性があるからです。

ところで、このとき西郷の朝鮮派遣が実現していたとしたら、内外の事態はどのように変わっていたでしょうか。洞察をもってこれをシミュレートし、自らの史的仮説の裏打ちとするのが本当の史学というべきです。毛利敏彦も、毛利を厳しく論難する静岡大学名誉教授田村貞雄氏も、それは行っていませんが、他の史学者が誰一人していないことを両氏に求めるは酷でしょう。

ともかく、西郷の行動を見て事態を覚り、すぐにもなすべきだった対応を怠った江藤に対し、前もって侍従長徳大寺実則を訪れた大久保が、「西郷が天皇に直訴しに来ても会わせないように」と根回ししたのは、いわゆる「一ノ秘策」を完璧にするため念を入れたので、さすがに勘所を心得ていると感嘆します。

政治は権力を武器とする闘争ですが、この場合、法制上の権力は天皇にあり、「玉」を握った方が勝ちなのです。「一ノ秘策」は天皇の勅裁に対する操作ですが、堀川御所の存在を知らない毛利敏彦は伊藤博文を持ち出して、勅裁を操作した人物とすることで、存在が見えない晃親王の役割を担わせたのです。

ここにおいてか、またもフィクサーぶりを発揮された明治天皇は岩倉の意見を採用され、西郷派遣は無期延期になります。

使節団首脳が命じられた「朝鮮ノータッチ政策」

ではなぜ、西郷の朝鮮派遣をめぐって、これだけの騒ぎになったかというと、実は派遣などどうでもよかったと思われます。仮に西郷が訪韓していたとしても、その後の日鮮関係に何ほどの変化があったというのでしょうか。

当時の落首に、「条約は結び損い金は捨て世間へ大使(対し)何と岩(云わ)倉」と言われたように、条約改正を目的とする限り、岩倉使節団は完全な失敗でした。

しかし、フィラデルフィアで会見した小栗忠順から今後の国是について教わった岩倉は、欧州で謁見を賜った欧州大塔宮から台湾事件の処理法を教わり、またロシアで会った増田甲斎《ますだこうさい》からロシア事情を知ったことで大きな成果を挙げました。

できもしない条約改正を餌にして大久保を海外に連れ出した木戸と伊藤の長州國體派コンビは、政体派の〝ドン〟大久保の不在中に国内改革が進んだことに大満足です。

ところが、制度改革の邪魔者扱いされ、岩倉と伊藤に誑《たぶら》かされて海外に連れ出された大久保の得た成果は何もありません。

西郷と三条の留守政府は使節団との現状維持協定を破って敢行した「太政官制潤飾」によって強力化した参議に江藤・大木・後藤の肥前國體派を登用します。

これはそもそも國體参謀本部の企画した「鬼（大久保）の留守に洗濯（改革）」作戦で、岩倉使節団派遣と表裏一体をなしていたのですが、みごとに的中し、肥前國體派が進めた制度改革が成果を挙げていました。

ここからが毛利敏彦説で、「もし西郷が全権大使として朝鮮に赴き開国を説いた場合、大きな成果を挙げることもなしとは言えず、そうなれば大久保の政治力は一夜にして崩壊する」というのです。あながち否定する必要もありませんが、外交は相手あってのことですから、あくまでも仮定に過ぎません。毛利は続けて次のように言います。

右の事態を畏れる大久保の内心を見抜いた伊藤が、二度も決議された派遣案を天皇勅裁によって覆す策謀を大久保に勧めたところ、これ採用した大久保が、黒田清隆と吉井友実に宮中工作を命じたのが「一ノ秘策」で、これに成功して閣議の議決を覆した。

畢竟《ひっきょう》「明治六年の政変」は大久保による江藤潰しの政争で、西郷派遣の可否に名を借りた結果、西郷を巻き込んでしまった。


これが毛利敏彦著『江藤新平』（中公新書）の結論ですが、國體史観に立って大局をみる本稿としては、大久保・伊藤の権力欲にすべてを帰す同著の論旨にはまったく賛同できません。

それとともに、毛利を痛烈に批判する既存史家にも賛成できないのは、岩倉使節団首脳の三名が西郷派遣に反対した理由を、彼らも明確にできていないからです。

通説は「使節団で欧米を巡察してきた岩倉・大久保・木戸が内治優先を主張した」としますが、翌明治七（一八七四）年五月に決行される台湾征討が、この時すでに内定していたことは明らかです。仮に有力政治家が内治優先を口にしたとしても、それが正しいという保証はどこにもありません。政治家の舌が嘘をつくためにあると知れ渡った今日では、もはや通用しませんから、教科書の記述は、今すぐにも書き換えてもらわねばなりません。

そのうえ、病気欠席としながら派遣に反対した木戸の、個人的意見を含めた動静が追究されていません。そもそも閣議は議論の場であって、議論を尽くしたうえでの満場一致が原則ですから、木戸は欠席するくらいなら評決に参加すべきでないのです。木戸がなぜ欠席しながらも反対票を投じたのか。これをキチンと考究せねばなりません。

「二日目の閣議で最後まで反対論を主張したものの、岩倉・三条に裏切られて孤立した大久保が、伊藤の入れ知恵により『一ノ秘策』を用いて宮中工作して成功した」とするのが毛利説ですが、私見がこれに反対する理由は、「木戸が閣議に欠席しながら、誰が見ても正論の西郷派遣案に反対した理由が説明できない」からです。それだけではなく、大木・大隈が反対派に寝返ったことの説明もつきません。内治優先が理由にならないことは上述したばかりです。

私見が推察する真相は、岩倉・木戸・大久保・伊藤の使節団首脳が欧州大塔宮に謁見した際、「台湾で生じた宮古島漂民の虐殺」を知らされたうえに、「これを口実にして台湾に出兵せよ」と、台湾事件の処理方法を強く示唆されたことです。

これに遵《したが》うことを決めた使節団首脳は、その際、「台湾派兵を決行するまで朝鮮には一切触れない」ことを固く合意したのです（肥前藩士の副使外務少輔山口尚芳については、この合意に無関係と一応考えます）。副島と柳原が北京で、清国高官から「朝鮮国交問題に清国は関与しない」との言質を得たことをまだ知らない使節団首脳は二兎作戦を避けるつもりで、「朝鮮ノータッチ」を合意したのです。

木戸は恩師吉田松陰の征満・征韓論を奉じていたため朝鮮に関心が深く、現に慶応四（一八六八）年二月には、早くも朝鮮使節の派遣を建言しています。その立場から、ほんらい西郷の朝鮮派遣に賛成だった木戸は、帰国後に情報を分析して「朝鮮国交の推進が二兎作戦をもたらす可能性がない」ことを実感して、いっそう賛意が強まりましたが、使節団首脳が欧州で交わした「朝鮮ノータッチ」の約束を守るため、怪我を装って閣議に参加せず、反対票だけを投じたのです。

堀川御所と繋ぐキーパーソンは徳大寺実則侍従長

明治天皇が西郷派遣案を一度は保留し、二度目は岩倉の付足意見を採用して見事なフィクサーぶりを発揮されたのを、「純粋に明治天皇の聖断」と考える史家は、今でもいるのでしょうか。

ことさら閣議に背く判断を下された政体天皇の背後に、「〝満鮮経略〟に関わる西郷派遣は、朝鮮問題が切迫していない今は急いでやらぬ方がよい」と奏上した強力スタッフがいたのです。それは、皇別清華家徳大寺の当主で、三十二歳の徳大寺実則《さねつね》です。

國體三卿が新政府に、三条・岩倉に次ぐナンバー3として入れた徳大寺実則は、明治四（一八七一）年七月二十日に宮内省二等出仕から八月四日に侍従長（二等官）になり、九月十五日から宮内卿（一等官）を兼ねます。

この人事は堀川御所が國體参謀徳大寺実則を、政体天皇参謀長として宮中に送り込んできたことを意味します。あらゆる勅裁は侍従長を通りますから、勅裁を仰いだ場合に、その結果は徳大寺の案配しだいということになるからです。

毛利説が、大久保が黒田開拓次官に授けたという「一ノ秘策」とは、「薩摩ワンワールド総長の宮内少輔吉井友実が、宮内卿兼侍従長の徳大寺実則を通じて明治天皇の御意志を操作すること」と推察されます。しかしこれは、國體天皇の存在を知らぬゆえの説に過ぎません。

そもそも皇室外交と国際金融は、國體の専管分野ですから、西郷の朝鮮派遣が「満鮮経略」に関わる以上、その可否を決めるのは國體天皇です。したがって、正確には、「明治天皇を動かしている堀川御所の意向を確認すること」というべきです。

ゆえに、十月二十三日に西郷派遣の無期延期を勅裁された明治天皇は、表向きでは岩倉が奏上した付足意見を採用したと見せて、実は、

①堀川御所から徳大寺侍従長に届いた孝明先帝の指令か、

②徳大寺侍従長が堀川御所に仰いだ孝明先帝の指示に従ったのか、

いずれかだったのです。つまり岩倉の付足意見はそのアリバイだったのです。

三条実美の卒倒はむろん仮病です。西郷派遣問題の落とし所が「勅裁による無期延期」と知る三条は、「閣議が賛否いずれに転ぼうと、太政大臣たる自分は判断を示す必要はない」として、気楽に構えていたところ、大木・大隈の寝返りで可否同数となり、想定外の議長裁定を迫られます。ここで三条が西郷派遣を否決していたらその時点で済んだのに、眼前の西郷を畏れるあまり、議長裁定で派遣に賛成した結果、太政大臣としての意見を付足して上奏することになります。

三条は、これにより派遣問題の全責任を一人で被る羽目となりました。太政大臣が閣議決定を奏上するに際し自己の意見を付足するのが慣例で、天皇はそちらを採用することもあります。

今回は、閣議が派遣賛成となった場合、「天皇が付足意見を採用して派遣延期を勅裁する」形とすることを徳大寺が決めていたので、三条の付足意見は、どうしても延期論でなくてはなりません。そうなると、「西郷の派遣延期を決定した者」として三条が脚光を浴びますから、西郷恐怖症の三条はこれを避けるため、やむなく卒倒を装って岩倉にバトンタッチしたのです。

西郷らに一日の猶予を請うた三条実美は、岩倉と談合した結果、三条の仮病により太政大臣代理に就いた岩倉の邸に、明治天皇が行幸して岩倉に直接太政大臣代行権を与えるという「秘策」を実行することにします。

これは有職《ゆうそく》に精通する者でなければ思いつくものではありません。昭和二十九（一九五四）年の造船疑獄における「指揮権発動」に、歴史上で匹敵するこの秘策を考え出したのは誰でしょうか。

生きていた三条実萬と尾崎三良の帰国

これと同様の例として思い当たるのは、新政体で下級武士の処遇の仕方に悩む坂本龍馬に、「地位低くして権は重い参議」を教えた尾崎三良で、その知恵は、三条実美の父で「今ノ天神」と呼ばれた有職の大家三条実萬《さねつむ》から出ています。

安政の大獄で姿を消した実萬がその後も生きていて、実美を遠隔操作していたことは拙著が明らかにしましたが、この時に生きていれば七十一歳になります。あるいは、京都あたりの寺にいた実萬に電信で連絡が取れて、この知恵を授かったのかもしれません。

十月十五〜十六日の正院閣議で二階に上げてはしごを外されながら孤軍奮闘した大久保が、その仕打ちに耐え切れず、十七日に三条実美の邸に乗り込み、参議の辞任と位階の返上を申し出ます。同日、西郷たちから「正院事務章程にしたがって速やかに閣議決定を天皇に上奏するよう」要請された三条は、岩倉に相談したあと帰宅して卒倒し、人事不省に陥りました。明治天皇が三条邸を訪れた後、岩倉邸に回るのは二十日です。

『尾崎三良自叙略伝』には、折しも留学先のロンドンから、大弁務使寺島実則と同道で帰朝した尾崎三良は、十月十七、八日頃に横浜港に着いたものの行先とてなく、三条家から従僕一人が迎えに来ていたので旧主の太政大臣三条実美邸の邸を当面の宿としました。

ところが折も折、当時の三条公は、西郷の怒りに対して「進退維《こ》れ谷《きわま》り、遂に大病を発し政務を見ること能はず、是において岩倉公は右大臣を以て太政大臣の職務を摂行することとなり、遂に征韓の議は断然と中止に決した」ばかりだったのです。

『尾崎三良自叙略伝』には、「翌朝東京に至り、まず三条家に落ち着きたる処、公は征韓論騒ぎにて容易に面会することを得ず。当分同家の表二階の極く狭隘なるところに宿することとなる」としていますが、三条と久しぶりの対面のことを具体的に書いておらず、そこにやや疑問を感じます。

ともかく「岩倉公は右大臣を以て太政大臣の職務を摂行」と述べた三良が、代理と代行の相違を知ったうえで事態を正確に判断していたことは明らかですが、三良が三条邸に入った日が実美卒倒の当日ないし翌日では、その知恵を出したのが三良ということは、絶対にあり得ません。

「その時に予東京に着し、その形勢を仄聞してほとんど通説する処を知らず、とにかく旧主たる三条公に謁せんとするも、大病にて一切面会を許さずと云ふ」ので、困った三良は、欧米で懇意になった木戸孝允を訪ねます。ところが、木戸邸は「二、三日前に馬車から落ちて大けがをした」との理由で「面会謝絶」の張り紙をしており、玄関番はこれを守って三良を通しません。

そこで三良は、「過日帰京したるによって、ロンドンでのお約束の通り参上したところ云々」と書いた手紙を投函したところ、翌日返書が来て「明日にでも来訪ありたく」と言ってきました。

三良を見てすぐに起き上がった木戸は包帯姿ながら元気で、平常と変わらない会話を三良と交わしますが、両人はよほど気が合ったとみえ、「以後時々往来、いつも無案内にて、出入りほとんど家人のごとくしたり」と語る三良は、そのような関係は三条公と木戸だけである、と言っています。

尾崎の木戸訪問は二十日過ぎでしょうか。木戸邸の「馬車から落ちて面会謝絶」との張り紙は、十四日の閣議を欠席した言い訳です。欠席しながら西郷派遣に反対意見を届けた木戸の、この問題に対する微妙な姿勢が窺えます。

三良によれば西郷以下五参議の辞表を受理し、寺島・伊藤・勝・大木を参議兼各卿に就けたのは、

江藤新平

徳大寺実則

尾崎三良

伊藤を参謀として岩倉が断行した、と明言しています。通説が、これを大久保とするのは正確でないようです。

正院閣議はさながら「勅裁予想コンペ」

欧州大塔宮から国際情勢判断を伝えられた堀川御所が、台湾出兵を控えて「朝鮮ノータッチ」を方針としたことで、西郷派遣問題の落とし所が「無期延期」と決まります。このことを堀川御所から伝えられた三条は、これを背景に大久保を説得します。

ここでようやく参議就任に踏み切った大久保は、三条と岩倉から一筆取ったうえで、「御雇い総会屋」として閣議で発言することを決心します。

使節団首脳が秘密合意した「朝鮮ノータッチ」の方針が現実化した西郷派遣反対論を、閣議で主張することには大久保は決してやぶさかではありません。しかしながら、ものの道理は西郷派遣の方にあり、これに反対するのはさすがに気が咎めます。そこで、派遣反対説の不当をなじられたときに備えて大久保は、自分の発言は本心でなく、両卿の「御雇い総会屋」として行ったという証拠としての一筆を、三条と岩倉から取ったのです。

ここから始まる十月十四~十五日の閣議での論戦は、いわば、「派遣可否論の決着点たる勅裁が、どのようなものか」を予想するコンペです。予想が当たった勝者が天子の御意に適う者として次期政権を握り、予想が外れた敗者は正院内閣から退場を余儀なくされます。

「勅裁が派遣延期に決まった」とのインサイダー情報を三条から与えられた大久保は、十月十四日の閣議で、論拠のアヤフヤな派遣延期論をたった一人で唱えます。大久保の相棒は岩倉で、助け舟として樺太住民紛争の解決優先論を持ち出しますが、江藤に切り返されます。何しろ西郷の方が正論だけに、西郷方についた江藤に、岩倉は太刀打ちすらできません。

可否同数になって議長裁定を迫られた三条は、西郷の手前、議長意見として派遣賛成を決定してしまいます。このとき三条は「西郷が辞めれば多くの薩摩軍人・官僚も致仕することを畏れた」と言われますが、真相はそんなことより、「勅裁で派遣延期」との筋書きを知っていた三条実美が、「落とし所が既に決まっているのならば」と考えて、「ここは西郷に反対せずエエ恰好をみせよう」と、派遣賛成に回ったものと推察されます。

閣議決定を覆すのは勅裁しかありません。政体天皇参謀長の徳大寺侍従長は、あらゆる場合を考慮したうえで、どのような場合になっても天皇の勅裁で決着させるように段取りを組みました。もし閣議決定が派遣延期ならばそのままで結構、もし即刻派遣が決定されたなら「奏上者の付足意見を天皇が採用する」ことにしたので、付足意見は必ず延期論でなくてはなりません。ところが議決が可否同数になり、まさか三条の議長裁定で賛成が決定されるとは、徳大寺にとっても想定外だったと思われます。

自身が議長裁定で決定した即時派遣案を奏上する三条が、付足意見で派遣延期を述べるというのは典型的な自己矛盾で、さすがに実行不可能です。となれば、三条自身の奏上を止めて岩倉を「代行者」にする以外に道はなく、そのために三条は故意に卒倒して人事不省に陥ったのです。

太政官制の定めで太政大臣代理となった岩倉が、正院決議に三条の意見でなく自身の意見を付して奏上したのは、十月二十日に岩倉邸に臨幸された天皇が、「親諭シテ実美ニ代リ事ヲ視セシム」としたことにより、法制上のカタが付いています。

天皇親諭により「実美ニ代リ事ヲ視ル」岩倉は、もはや「太政官職制」による太政大臣代理ではなく、天皇から直接指名された太政大臣代行者です。その岩倉の付足意見は以下の通りです。

（いま急いで使節を派遣した場合、万一の事が生じて後始末ができず、そのうえ更に不祥事が加われば後悔しても追い付かない）故に、之が備《そなえ》をなさず今頓《とみ》に使節を発するは、臣その不可を信ず。

右に見る通り岩倉の付足意見は抽象的で、単に「仮定の災害が心配だから慌てて派遣するな」というもので、甚だ説得力を欠きますが、勅裁はこれを採用して派遣延期を決定されました。こうした経緯で、勅裁が閣議決議を覆して堀川御所の決定に落としたわけですが、これがおそらく「一ノ秘策」の真相と思われます。

●――内務省が皇国史観と天孫神話の管掌省庁に

岩倉が、「自分の意見も併せて奏上する」と言い出した瞬間に事態を洞察した西郷は、すべての官職を辞して行方を眩《くら》ませますが、後日、辞表は陸軍大将だけを残して受理されます。

毛利説は、「正院で二度も決議された即時派遣案を天皇が不許可としたことは、三条以下の正院の大臣・参議を不信任としたわけで、大臣・参議が全員辞職すべき事態になった」と言い、その意味での辞表を出した板垣・後藤・江藤・副島と、西郷の辞表とは趣旨が異なるとしています。

これにも賛成できないのは、三条・西郷内閣の閣員だった大隈・大木が辞めていないからで、毛利氏の説く天皇の信任を失った内閣の総辞職ではなく、閣議で派遣に賛成した五名だけが、自分たちの考えが天皇の本意に適わなかったことをもって、辞任したのです。

正院閣議で一旦は孤立無援になりながら、六年前の小御所会議に続く大芝居を演じ切り、ついに西郷派遣を食い止めた大久保は、政界きっての荒事師として「政界座」の全観客を唸らせたばかりか、天皇の御意に適う忠臣として政体における政治力を倍加し、以後の政権を完全に掌握します。

だがしかし、十月閣議の最大の謎は、西郷派遣を潰すための「雇われ総会屋」を依頼された大久保が、自分の反対に回ることがほぼ確実に予想される副島の参議就任を承諾の条件にしたことです。これについて史家の明快な解答はまだ見ていませんが、考究しないわけにはいきません。

外務卿としてすでに台湾出兵を決意していた副島が、参議として加わった十月閣議で、西郷の朝鮮派遣に賛成したことは、外務省の従来の方針からして当然です。

西郷派遣が朝鮮有事の引き金になる可能性が高いのならば、台湾問題が片付くまで、喫緊でもない西郷派遣を控えるのが得策ですが、副島は、西郷派遣が朝鮮有事につながらないことを知っていたからこそ西郷派遣に賛成したのです。

一方、帰国した大久保が朝鮮情勢を調べ、西郷派遣が朝鮮有事につながる可能性がないことを知ったのも当然ですから、副島が派遣に賛成することを予想したうえでその参議就任を要求した大久保の心事は解りかねます。

開国した日本に反感を募らせていた朝鮮ですから、民間壮士が西郷使節に暴行を加えることはあり得ないことではありません。

現に日本でも、幕末には外国使節への刃傷《にんじょう》など枚挙にいとまなく、この後にもロシア皇太子に対する「大津事件」のほか、清国全権大使李鴻章に対する「下関事件」も生じています。しかし、外交官に対する民間人の暴挙は、ほんらい外交に付きもので、一般の犯罪と同じくいかなる時代でもなくすることはできません。よって、民間テロリストの暴力を畏れて外交上重要な外使節の派遣を取りやめるのは本末転倒です。

そもそも、外交官の殉難を予感するような国を相手として慌てて国交を開くべきではないのですが、朝鮮をそのような国とは思わない大久保は、使節団首脳が合意した「朝鮮ノータッチ」を、あくまでも貫く必要性を感じなくなったものと思われます。

とすれば、西郷派遣に是が非でも反対する必要はないのですが、事実上の「勅裁内容予想コンペ」となった十月閣議で、その後に開票される入札結果（勅裁の内容）を言い当てた者が、「陛下の御心中と見識を同じくする稀代の名臣」の座を勝ち取ることになります。これを期待した大久保は、たった一人で派遣延期を痛論し、それが見事に成功したのです。

ここに政体の首座を確保した大久保は、十月閣議の論功行賞として、大隈参議を兼大蔵卿に就け、大木参議を兼司法卿に任じ、伊藤を参議兼工部卿に挙げます。十二日間の参議と心中して外務卿をも辞めた副島の代わりに、英国から呼び返した寺島を参議兼外務卿に挙げ、勝海舟を参議兼海軍卿に挙げたのは岩倉と思われますが、大久保は参議兼内務卿に就き、ここに「大久保政権」が成立します。この人事の実行者は尾崎の言うように、岩倉とみるべきです。

使節団首脳の木戸参議は、欠員だった文部卿を明治七（一八七四）年一月に兼ね、「佐賀の乱」で現地指揮に赴いた大久保が戻るまで、さらに内務卿を兼ねますから、この政権は「大久保・木戸政権」というのが正確なところです。

留守政府の参議の中でも、むしろ「員外使節」ともいうべき立場であった大隈参議が、使節組が帰朝するや直ちに寝返ったのは当然です。明治六（一八七三）年十月に大久保から大蔵卿を譲られた大隈は、同十三（一八八〇）年二月まで六年半もその座にあり、大久保とともに絶大の権力を揮います。

参議大木喬任が大久保側に寝返ったのは民部省以来の関係から頷けますが、明治六年十月に兼ねた司法卿の座を同十三年二月まで六年半にわたり専有し、大久保政権の重鎮となった大木は政体・國體の両棲動物です。

使節団首脳の一員だった伊藤博文は大久保の依頼により、十月閣議に証人として立ち会い、抜擢された参議兼工部卿を明治十一（一八七八）年五月まで務めた後、内務卿として同十三年十一月まで勤めます。

明治六年十月に駐英公使から呼び戻されて参議兼外務卿に就いた寺島宗則も、各氏と同様で六年間もその席にありました。勝海舟は同八（一八七五）年六月で海軍卿を川村純義に譲り、元老院議官となります。この間、政体のトップとして実質首相の大久保自身は、もっぱら内務卿として睨《にら》みを利かせます。

皇国史観と天孫神話の管掌官庁となった内務省は密偵政治の根源どころか、帝国陸軍と並んで戦前日本の政体の中核をなします。さらに大東亜敗戦による帝国陸海軍の解体後は霞が関官僚となり、日本占領軍の「横田幕府」に仕えて戦後社会の政体を形成してきたのです。

第七章

帝国陸軍誕生の裏事情

兵制をめぐる薩長対立で暗殺された大村益次郎

新政府内における木戸・大久保の対立は、兵制改革において極まります。これは同時に「國體」と「政体」の対立です。

けだし軍制は、孔子の教え（「一に兵なり、二に食なり、三に信なり」）のごとく政治の三要諦の一つですから、維新が目指す近代的国民国家にふさわしい兵制は、幕藩体制の幕軍・藩軍ではなく、軍権を中央政府が完全に掌握する政府軍（国軍）でなければなりません。ゆえに、藩軍解体と政府軍創建は政府内の共通認識ですが、問題は要するに、国軍を構成する兵員と国家との関係をどうするかです。

兵制は大別して「職業軍人制」と「国民皆兵制」に分かれます。職業軍人にも壮兵（士族兵）のような身分制と、傭兵のような契約制（募集制）がありますが、それはさておき、このときの問題は、新体制における政府軍が、幕藩体制の延長たる士族兵制を採るか、新しく四民から徴用する徴兵制を採るか、という点にありました。

新政府の軍務管掌機関は、慶応四（一八六八）年一月七日にできた最初の官制の「七科」では「海陸軍科」ですが、二月三日の「八局制」では「軍防事務局」と改められ、閏四月二十一日の政体書に基づく「七官制」では「軍務官」となります。

明治二（一八六九）年七月八日の保守派の巻き返しによる「二官六省制」では「兵部省」となり、

他省と同じく卿・大輔・少輔・大丞ら職員の他に、陸海軍に大将・中将・少将以下の軍人が置かれました。

この間、長官はつねに小松宮彰仁《あきひと》親王で、次席は長州藩士大村益次郎です。村医の息子から長州藩士に取り立てられた大村益次郎は、彰義隊討伐で功績をあげ、明治元（改元）年十月二十四日に軍務官判事（三等官）から副知事（二等官）に昇進し、明治二年七月八日に兵部大輔（二等官）となり、兵部大丞に腹心山田顕義《やまだあきよし》を配し、実質上の陸軍大臣として兵制改革に当たります。

大村益次郎が徴兵制を唱えたのに対し、大久保利通は薩長藩兵の転用を想定した士族兵（職業軍

大村益次郎

小松宮彰仁親王

人）制度を主張します。

これは、卒族が構成する長州軍がすでに実質民兵だったのに対し、主力の農士階級が総人口の多くを占める薩摩軍の解体は、深刻な失業問題を引き起こすからです。

大村の兵制改革は、諸藩軍の廃止・廃刀令の実施・徴兵令の制定・鎮台の設置・兵学校の開設による職業軍人の育成などで、後年に帝国陸軍として実現しますが、第一段階は藩兵の再編成による常備軍の建設で、その後に徴兵制の実施と鎮台の設置を予定していました。

この兵制改革は、鹿児島（もと薩摩）藩保守派の要請とは相容れないもので、鹿児島藩士海江田信義に使嗾された萩（山口藩、もと長州藩）藩士らによって明治二年九月八日に要撃された益次郎は、十一月五日に死亡し、十二月二日に後任に長州藩保守派の前原一誠《まえばらいっせい》が就きます。

奇兵隊士脱退騒動と山縣有朋の悪徳不正

明治二（一八六九）年十一月二十六日、山口藩知事毛利元徳は、常備軍二千人を御親兵とすることを申し出て許され、奇兵隊や遊撃隊など従来の諸隊を解散し、兵員の精選を行ったうえで常備軍を編成しますが、このため、藩の軍事局と諸隊との間に激しい対立が生じます。

戊辰役の賞典禄を十万石も賜っておきながら、藩主がこれを諸隊の兵卒に分与せず、あまつさえ兵卒の給与も、その半額を軍監山縣有朋など上層部が天引きしてピンハネしていたのです。

常備軍兵士を選別する前に、綱紀粛清を求める弾劾書が萩藩（もと長州藩）に提出されますが、これを無視して常備軍の精選を強行したことを諸隊士は不満とします。

明治三（一八七〇）年正月、萩藩の奇兵隊・遊撃隊の旧隊士で新政府の常備軍に選ばれなかった兵士一千人が脱隊し、山口藩庁を包囲する騒動を起こしますが、木戸孝允が率いる常備軍によって、二月十一日に鎮圧され、首謀者百三十三人が処分されました。明治三年二月十三日、西郷隆盛は村田新八・大山巌らを引き連れて萩藩に赴き、奇兵隊士の脱退騒擾を視察し、藩知事毛利広封（元徳）に謁見します。

ここで西郷は山縣の手口と奇兵隊脱退士の心情を理解したはずですが、その後の西郷の行動にその影響はみられません。奇兵隊で活躍した三浦伍楼は長州卒族（陪臣）の出身で、山縣有朋が事実上のトップとなった奇兵隊の兵士から実情を聞き、給与の半額天引きの廃止や、戦死傷者に対する救恤《きゅうじゅつ》を求めますが、山縣に無視されたことで終生憤っていました。

当初は空席だった兵部少輔に、清華家《せいがけ》の嫡男で東北遊撃軍三等将として戦功を挙げた陸軍少将久《こ》我通久《がみちつね》が明治二年十月三日に就き、翌同三年二月二十八日まで務めます。長州藩奇兵隊の総管として長州卒族の棟梁となった山縣有朋は、箱館戦争後の明治二年六月から欧州に出張し、帰還後の同三年八月に久我の後任の兵部少輔（三等官）になります。

山縣有朋の出自は蔵元中間で、武士階級の末端に属する足軽・同心などの卒族とは異なり、ほんらい町人身分の武家奉公人です。松下村塾で学び奇兵隊に入隊したことで一代雇いの士族となった山縣は、戊辰役で奇兵隊総管として戦った功績で新政府の陸軍で高官となります。

徴兵制を進めたため薩摩人に暗殺された大村益次郎の後任の兵部少輔となった山縣有朋は明治三

（一八七〇）年の末、薩摩に帰って鹿児島県大参事になっていた西郷隆盛に、宮城守護の御親兵とするため、薩・長・土の藩兵を募集して東京に召集する壮兵制（士族兵制）の「御親兵設置案」を携えて接近します。

山縣の提案を入れた西郷は、明治四（一八七一）年正月四日に鹿児島を発ちますが、その際に出された「西郷吉之助意見書」には、冗官整理や府藩県三治制の堅持、鉄道敷設反対など木戸・大隈の開進派路線への批判と大久保の守旧派路線への支持が窺えます。

ところが自分の政局参加が政争の深刻化を惹き起こすことを危惧した西郷は、政治については薩摩藩などの倒幕功労者の政府官僚への登用を提言するに留め、自らはもっぱら新制軍隊の編成に力を注ぐことを言明して、鹿児島に戻りました。

再び上京した西郷が中心となり、薩長土の藩兵による「御親兵」が明治四年二月十三日に正式に発足します。兵員は公称一万人で、実際は八千人ほどでした。結局この御親兵の存在が廃藩置県を渋る各藩を圧迫して廃藩置県の実行が早まり、七月十四日に実施されます、

御親兵は西郷と山縣の出来レースの産物

この間、廃藩置県工作を進めていた木戸と大隈らは、御親兵の兵力を背景に官制・税制の改革を行い、廃藩置県を強行する考えでしたが、急進政策に反対の参議大久保は、薩摩親兵と西郷の政府入りを、木戸・大隈ら國體ラインの進める開進政策を抑制せんとする自らの政治的意図のために利

用しようと目論《もくろ》んでいました。

この局面で、誰もが兵力を頼りにしたことは、政治の何たるかを如実に示しています。政治は管理通貨と似ています。その本質は決して話し合いではなく、強制力（暴力）なのです。

山縣の提案で設置された御親兵が、廃藩置県の決め手となったのですが、山縣は本来封建論者で郡県制（廃藩置県）に反対しており、また長州の藩是は大村益次郎以来の徴兵制です。

ゆえに壮兵を基盤にした御親兵設置案を、山縣独自の発想とするのは不自然で、逆に薩摩農士の失業を憂慮する西郷が、壮兵制の御親兵設置案を歓迎したことは大いに首肯できます。山縣の提案には西郷の上京と中央政府入りを促す政治目的があったとされますが、山縣の背後にいた黒幕は、あるいは西郷その人かもしれません。

だとすれば、壮兵御親兵の提案は、実は西郷と山縣の談合による出来レースで、「西郷から渡された御親兵案を、山縣が自分から西郷への提案と偽装した」と推察できるわけで、これで西郷の山縣に対するその後の信任が、きわめて理解しやすくなります。

御親兵維持の財源が足りず、木戸・大隈・伊藤の主張する地方行政組織および税制の改革の必要性が認識されます。大久保・西郷派として、開進派ラインを掣肘するために日田県知事（四等官）から民部大丞（四等官）に転じた松方正義も、財政問題の解決には地方行政組織と税制改革しかないとする意見を具申して、大久保・西郷の守旧派から木戸・大隈の開進派に接近します。

御親兵設置にやや遅れて明治四（一八七一）年四月、国内の要地に鎮台を置くことになり、御親兵の一部を鎮台兵に転属せしめたほか、全国の士族から募った志願兵を「壮兵」と呼びました。鎮台は東京・大坂・鎮西（熊本と改称）・東北（仙台に改称）の四カ所に置かれます。

明治五（一八七二）年二月に制定した「近衛条例」で、天皇に直隷する近衛都督の下に置いた近衛兵は、壮兵だけをもって編成しました。明治六（一八七三）年一月制定の「徴兵令」による徴兵は、すべて鎮台に配備され、近衛兵は壮兵（志願兵）だけを配備したのです。これが、大政復古以来の懸案の政府軍の創設事情です。

憂慮された諸藩の抵抗もなく、廃藩置県が円滑に実現した原因は、公称兵力一万名の御親兵の存在が潜在的な圧力になったことです。この御親兵を西郷に提案したことが、山縣有朋が政界で頭角を現すきっかけになりました。有栖川宮熾仁《たるひと》親王が明治四年六月二十五日に辞職して以来、ずっと空席だった陸軍卿（一等官）に、明治六年六月八日に就いた山縣は、名目でも帝国陸軍のトップとなります。

優れた軍政家の反面、陰険な謀略家でもある山縣は、物欲が強く、奇兵隊総管時代に隊士の俸給を半分もピンハネしていたのは、まるで中華民国の軍閥の棟梁「督軍《とくぐん》」（省軍政長官）と同じやり方です。こんな手口は、傭兵制の軍では常道であっても日本流ではなく、山縣の出自の賤しさが取沙汰されてきた所以です。

長州卒族（蔵元中間）ながら紀州藩戍営《じゅつえい》副総督陸奥宗光の教えを受けた鳥尾小弥太《とりおこやた》（陸軍中将子爵）と、同じく長州藩陪臣で元奇兵隊士の三浦梧楼《みうらごろう》（陸軍中将子爵）が山縣に反感を抱き、山縣のピンハネ不正が後年、三浦梧楼によって暴かれます。ところが三浦は、鳥尾とともに山縣から左遷され、以後は貴族院を本拠とする反藩閥政治家として政治活動に勤しみます。

長州藩士でも、大村益次郎（死後子爵）、三浦（陸軍中将子爵）、鳥尾（陸軍中将子爵）、山田顕義（陸軍中将伯爵）らは、暗殺された大村を除き山縣有朋と反目したため、陸軍を追われて政界に転出したのです。長州藩の維新功臣から反藩閥・反山縣派が出たのは國體参謀木戸孝允の影響で、山田・三浦と鳥尾は國體軍人と称して差し支えないと思われます。

これに対し、「山城屋事件」（御用商人山城屋《やましろや》和助《わすけ》が、陸軍省から無担保で借り受けた公金を返済できず自殺した事件。明治五＝一八七二年）は山縣の貨殖癖と卑劣な謀略性を発揮したもので、まさに「武臣銭を愛す」の典型です。山縣こそ陸軍政体派を代表する政体華族というべきです。

「徴兵制」発布で山縣と西郷従道がワンセットの理由

参考のために山縣と西郷従道の経歴を以下に並べてみます。

	山縣有朋	西郷従道
明治三年八月	兵部少輔	兵部権大丞
明治四年七月	兵部大輔	陸軍少将兼兵部大丞
明治四年十月		陸軍少将兼兵部少輔
明治五年三月	陸軍中将兼近衛都督	陸軍少将兼近衛副都督
明治六年六月	陸軍中将兼陸軍卿	陸軍少将兼陸軍大輔（七月）

明治七年二月　陸軍中将兼近衛都督・征討参軍（佐賀乱）
明治七年四月　　　　　陸軍中将兼台湾蕃地事務都督（台湾征討）

普仏戦争視察のための欧州出張から帰朝した山縣は、兵部少輔に就いた明治三（一八七〇）年八月から「佐賀の乱」が始まる同七（一八七四）年まで、常に小西郷とのワンセットをなしますがこの解釈は幾通りかできます。

①は、象徴的存在の大西郷の下に山縣と小西郷の両人がいて、その下が長州の鳥尾小弥太で、その下に薩摩の大山巖がいることから、大西郷を頂点とする薩長のタスキ掛け人事とみるものです。これは誰の眼にも見えますからあえて否定する必要もないが、とくに意味もありません。

②は、大西郷が小西郷に山縣を見張らせていたとの見方です。組織内の人間関係には相互監視の一面がありますから、これも否定はできません。

③は、大西郷が陸軍の後継者として選んだ山縣の下に小西郷を派遣したことで、山縣が薩摩農士に対する大西郷の影響力を引き継ぎ、かつ有能な小西郷に支えられて、名実ともに帝国陸軍の棟梁となったとみるもので、結局これが正解と愚考します。

山縣有朋が壮兵制の御親兵案を出した事情は前述しましたが、国民皆兵は大村益次郎以来の長州の藩論で、基本的にこれに立つ山縣兵部少輔は、明治三年十一月十三日に「徴兵規則」を制定します。廃藩置県で消滅する藩の常備兵に代わるものとして、明治四年四月二十三日の太政官布告により、募兵制の鎮台の設置が定められます。同年八月に、仙台・東京・大阪・熊本に設置された鎮台

明治中期の『東京圖絵』に描かれた近衛兵

陸軍卿に就任、帝国陸軍のトップとなった山縣有朋

は政府直轄で、兵士は将来は徴兵による予定で、当面は御親兵からの転籍者と士族の志願兵でした。近代軍創設の必要性を理解した大西郷は、小西郷を派遣して山縣を支持させると同時に、桐野利秋ら薩摩派を懐柔して徴兵反対論を斥けました。明治五年十一月二十八日に「徴兵告諭」が出されて、翌同六年一月十日には「徴兵令」が発布されます。

この制度を進めたのが山縣と小西郷であることを右の表は示しています。

政体陸軍の改革を目指した陸軍國體派

山縣が育てた帝国陸軍が、狭量・陰険・金銭欲という山縣の隠れた個性を忠実に反映してしまい、しだいに「長州卒族による長州卒族のための利権派閥」的性格を帯びてきます。

長州卒族（陪臣）出身の陸軍中将三浦梧楼は、これを是正する目的で、明治十九（一八八六）年に陸軍改革意見書を提出しますが、直ちに熊本鎮台司令官に左遷されます。

それから二十五年後の明治四十四（一九一一）年、陸軍省軍務局長田中義一《たなかぎいち》少将と軍事課長宇垣《うがき》一成《かずしげ》大佐が陸軍中将上原勇作を担いで、「陸軍改革運動」の烽火をあげます。上原の叔母吉薗ギンヅル（岩切氏）の旦那の公家堤哲長は、王政復古の直後に偽装薨去して堀川御所の資産管理役となり、明治以後はギンヅルに援けられながら孝明先帝に仕えていたのです。

堀川御所直属の老女となったギンヅルに育てられた上原勇作は、高島鞆之助《たかしまとものすけ》（のち陸軍中将陸軍大臣・子爵）と野津道貫《のづみちつら》（のち元帥陸軍大将・侯爵）の計らいで、陸軍國體派の棟梁となるために陸軍士官学校に入ります。高島と野津は「薩摩ワンワールド」の幹部ですが、ことに高島は、宮内大輔を永く勤めた吉井友実の後の薩摩ワンワールドの二代目総長となり、三代目を上原勇作に譲ったと推察されます。

京都皇統に舎人から最近教わったことは、「在英ワンワールド」を地政学的海洋勢力の連合と理解していた私見は正しいが、その奥に控えているのが欧州王室連合で、その主体が在欧大塔宮であることです。これを覚ってから、ワンワールドに関する理解はずいぶん進みました。

帝国軍人の高島と野津が、ウラでは堀川御所に仕えていた所以も判ったからです。高島鞆之助は英国海軍と通じ、その指示のもとに長崎軍港の管理に専心していたと聞きます。

野津と高島の計らいで大学南校から陸軍士官学校へ転じた上原勇作は、工兵士官となってフランスに渡り、フォンテンブロー砲工学校に留学中にアルザスのポンピドー家の娘と秘密結婚をして一女を儲けます。この経緯からして、アルザスのポンピドー家は欧州大塔宮の一族あるいは海外南朝勢の末裔とみて間違いはありません。

上原の事実上の義兄となったポンピドーは天津メソヂスト教会の牧師となり、民国人彭披得を称して来日し、神田教会の牧師として活動しながら上原と親交を持ちますが、これはむろん欧州大塔宮の諜報活動の一環です。

陸軍内で順調に昇進した上原勇作は、第五師団長野津道貫陸軍中将の女婿となり、日清・日露の戦争の戦功で中将に進級し、田中・宇垣に担がれて陸軍改革の星となります。大臣・教育総監・参謀総長の陸軍三長官を歴任して帝国陸軍を掌握した上原は、陸軍内に強固に根を張った山縣系の陸軍政体派を抑え込むために陸軍國體派の陸軍九州閥を築きます。

ところが明治末年の陸軍改革運動で勇作を担いだ田中義一と宇垣一成は、本性が政体派で、大正十二（一九二三）年に上原勇作が参謀総長を辞めた後の帝国陸軍を握ると、軍縮に名を借りて上原派の将官を陸軍から一掃し、これに反感を抱いた上原派と田中・宇垣派の間に抗争が始まります。昭和になって陸軍内で炎上した「統制派」と「皇道派」の対立は、「政体長州閥」と「國體上原閥」の対立が形を変えたものです。

結局のところ、これも陸軍南朝派と陸軍北朝派の抗争ですが、国際情勢が絡んできたため、表層の動きと底流は反対方向を向いていたことに気づかねばならないのです。

大東亜戦争の陸軍の主役は、石原莞爾・東条英機・甘粕正彦ですが、このうち表面上でもハッキリした南朝は石原だけで、東条と甘粕が南北朝のどちらだったのか、真相を見破った人は極めて少ないと思われます。

第八章

大西郷が仕組んだ八百長戦争

新政府内で表面化した「南北朝対立」

新政府は戊辰役で官軍の主力だった「薩長土肥」四藩の連立政権として成立しました。その新政府の政治決定権を握り主流派となったのは「薩長」両藩です。政治決定から事実上締め出された土佐藩では、「これでは公議政体をめざした維新の理念に背くではないか！」として薩長批判が漲《みなぎ》りました。

ところが、主流派となった薩長の間にも深刻な対立が生まれていました。長州藩士の指導者木戸孝允は、自ら直接行政を担当せず太政官の顧問となって、「維新理念を早急に実行に移すべし」とする理想主義を強く打ち出します。これに対し、現実政治の壁に突き当たり、その打開のために権力志向を強めたのが薩摩藩士の棟梁大久保利通です。

両人は政治的ベクトル（方角）が正反対のため、あたかも棒磁石のように両極に分かれます。木戸がめざす理想が「南極」で、大久保が直視する現実が「北極」ですが、これが実はわが国で古代から存在している「國體」と「政体」の関係を表しているのです。

維新の根本目的は、身分制近世社会たる幕藩体制を変革し、四民平等の「オホヤケの代《よ》」としての近代的国民国家をもたらすことにありました。國體天皇の命を受けた國體参謀本部がこの目標を定め、國體奉公が目標達成に向けて諸般の条件を整備したのです。

このゆえに、國體参謀や國體奉公衆は維新の目的を明確に自覚していましたが、諸藩の武士や卒族・農士・郷士・陪臣たちは一般に、その自覚のないまま、具体的な維新活動に投じてきたのです。したがって、王政復古により成立した新政体を、「オホヤケの代の到来」として明確に認識していたのは國體参謀と國體奉公衆だけで、一般の武士には「朝廷を担いで戊辰戦役に勝った四藩が徳川家に代わって新幕府を開いた」くらいの認識しかありません。

幕藩体制に飽き足らずひたすら倒幕を叫んだため、明治以後に維新志士と呼ばれるようになった下級武士の多くは、「尊王攘夷」のために倒幕を叫んでいただけで、倒幕の後に到来する新しい社会体制に対する具体的な期待と認識を持っていない者が大多数だったのです。

この政治的現実を前にしても、あくまでも理想の南極（維新理念）をめざす木戸に対して、政体を運営する上で現実の北極（政治的現実）を直視せざるを得なくなったのが大久保です。これが、木戸が「南朝國體派の象徴」となり、大久保が「北朝政体派の頭領」となった所以です。

ちなみに、日本史用語の「南北朝」とは、建武政権の崩壊後に足利尊氏が擁立した光厳天皇の皇統を北朝（京都朝廷）とし、吉野に籠った後醍醐天皇の皇統を南朝（吉野朝廷）と呼んだことに始まります。しかしながら、本稿並びに私見では、「南北朝」を特定の時代の歴史事象とみるのではなくもっと拡大し、あらゆる時代において、「現実に政治権力を掌握する政体派」を「北朝」と呼び、これに対して、「政治の理念を追求する國體派」を「南朝」と呼ぶことにしたいと思います。

それならば、単に「南」「北」だけでよいので、何も「朝」の一字を用いる必要はあるまい、とのご叱責は当然ですが、それを覚悟の上で、このわがままを御寛恕頂きたいのにはわけがあります。京都皇統代の舎人たちの会話に注意していると、何かにつけて「南朝」「北朝」と呼んでいることに気がついたからです。たとえば水戸徳川家は「徳川南朝」、公家の家格の名家は「南朝公家」という風です。この倣《なら》いに私が染まったのは、ある勢力の社会的性格を表すのに、北朝を政権派、南朝を國體派の代名詞とすると、直感的に判りやすく便利だからです。

昔、「平家・南朝・海軍」とかいう諺を聞きました。日本史における「常敗組」をからかったものので、これと対をなす反対語は「源氏・北朝・陸軍」です。たしか大蔵省内で聞いたと思いますが、「言い得て妙」で、まさに政体官僚が言いそうなことと思います。

國體天皇の邪魔者となった大久保利通

わが国の近代的警察制度は、明治四（一八七一）年十月二十三日に東京府に邏卒《らそつ》総長と邏卒三千人を置いたことを起源とします。これを嚆矢として裁判所の設置など重要な司法制度の整備が行われますが、ほとんどが左院副議長から司法卿になった江藤新平の功績です。人権意識が高かった江藤が出した明治五（一八七二）年十月二日の「娼妓解放令」は周知のところです。

司法卿に就いた江藤は、新政府の高官の汚職に厳しく当たります。その槍玉に挙がったのは、大村益次郎亡き後の兵部省で兵部少輔（三等官）となり、明治五年の陸軍省設置後に陸軍大輔（二等官）兼近衛都督に就いて帝国陸軍を掌握した山縣有朋です。

前述のように、奇兵隊士出身の陸軍御用商人山城屋和助と癒着して陸軍省の公金を流用した「山城屋事件」を追及された山縣は、陸軍省の証拠書類を焼却・隠滅したばかりか、こともあろうに陸軍省庁舎内で山城屋和助を自殺させます。長州政体派の山縣をみると、いかにも中華民国時代の督軍（省軍政長官）とか現代の人民解放軍の大幹部を見ているようで、あるいは大韓民国の陸海軍にもそのような性向があると伝えられていますが、その傾向が山縣にもあったのは、それなりの理由があるのでしょう。

長州藩士から大蔵大輔（二等官）となった井上馨は、造幣用地金《じがね》の需要に充てるため小野組村井権兵衛所有の尾去沢《おさりざわ》銅山を接収したことを不当収奪として厳しく追及され、予算編成をめぐる政争もあって、山縣とともに辞職に追い込まれました。

フルベッキに学んだ國體参謀の江藤が導入した欧米的な三権分立は、「堀川政略」の定めた「オホヤケの代」を実現するための必要条件ですが、新政府内の保守派は行政・司法を一体と考える東洋思想に立つため、江藤に反感を抱きます。

また、江藤が司法制度整備のために図った裁判所網の設置が莫大な財政負担を生じたことで、大久保外遊中の大蔵省を預かる大蔵大輔井上馨は困惑したばかりか、井上本人も尾去沢銅山問題を江藤から追及されていました。

これらはすべて江藤を司法卿に抜擢したことで生じた結果で、岩倉使節団と留守政府が交わした「重要人事は書簡による事前の合意なくしては行わない」との約束を、留守政府が勝手に破ったことから生じたのです。

留守政府はなぜ約束を破ったのか、ここが問題のカギです。

条約改正のために必要な国書委任状を取りに、大久保と伊藤が一旦帰国したため、使節団の米国滞在期間が予定よりも五カ月も延び、そのために全体のスケジュールが狂い、人事の事前協議と制度不変更の約束が自然に失効したといわれますが、明快な説明ではありません。

この理由を年来考えてきた私が、このほど達した結論を以下に述べます。

大久保を中心とする下士・卒族勢力が政体を占拠すると、たちまち専制化し保守化したことにより、維新の目標たる制度改革が停滞してきました。

これを憂いた國體天皇は、制度改革を進めるため國體参謀の佐賀四傑（副島・大隈・江藤・大木）の抜擢を三条と岩倉に命じたと思われます。それと同時に、改革作業において最大の障害となる大久保を海外に連れ出すことを命じられた岩倉と大隈が、フルベッキのブリーフ・スケッチをネタに計画したのが「岩倉使節団」だったのです。

幕末に岩倉と密接に接触した大久保は、岩倉と組んだ「小御所会議」の総会屋的パフォーマンスにより、徳川慶喜の政体内大臣（新政府副総裁）就任を阻んだことにより、王政復古の立役者と見なされて新政府で重きを成します（詳しくは拙著『京都ウラ天皇と薩長新政府の暗闘』をご覧ください）。

そこまでは想定していた「堀川政略」も、大久保が有司専制を主張する強権的な専制政治家となることは、さすがに想定外だったのです。革命家が政権を取った途端に守旧派に変じるのは、「現実の壁に突き当たって方向を転換する」だけで、ごく自然な行動ですから、洋の東西と時代を問わぬ人類社会の常態として怪しむに足りませんが、問題はそれだけではなかったのです。

「有司専制」を標榜した大久保による官僚政体は、維新の公約の目玉だった「公議政体」の実現を遅らせて、「堀川政略」の維新工程の進行を阻害したのです。

大久保を海外に連れ出すための使節団

岩倉使節団の目的は、不平等条約改正のためにフルベッキのブリーフ・スケッチに基づき海外事情を観察することにあった、とされますが、これは表向きの看板です。

裏から見れば、その目的の一つは新政府の首脳となった「維新の二卿三傑」が、欧州大塔宮と在米大塔宮に「お目通り」することにありました。もう一つは、岩倉が在米大塔宮となった小栗忠順と会うことです。そこで「二卿三傑」のうち岩倉・木戸・大久保が渡欧することとなり、留守番に回ったのが三条と西郷です。

最初に訪問した米国では、岩倉がフィラデルフィアで在米大塔宮（小栗忠順）と会見して直々《じきじき》に世界情勢と外交方針を教わり、次いで渡欧してベネルクスで岩倉・木戸・大久保（おそらく伊藤も同道）が欧州大塔宮に謁見したのです。

アメリカに着き、ワシントンで条約改正の様子見をした使節団は、ここで予備交渉を始めようと考え、「条約改正交渉のためには国書委任状が必要である」ことを口実にして、伊藤が大久保を誘い、国書委任状を取りに戻ります。

これは、「小栗忠順が在米大塔宮になった」極秘の國體国事を、大久保に覚らせぬための伊藤の策謀と考えられます（ことの詳細は、拙著『欧州王家となった南朝皇統』および『京都ウラ天皇と薩長新政府の暗闘』で明らかにしていますからご参照ください)。

岩倉使節団の秘められた第三の目的は、藩閥政体を修正するのに邪魔な大久保を海外に連れ出すことで、折から在米大塔宮から訪米を命ぜられた岩倉が大使となり、小御所会議以来のコンビの大久保を巻き込んで副使とする使節団を企画したのです。

使節団副使の構成は、薩摩が大久保(大蔵卿)、長州が伊藤(工部大輔)、肥前が山口尚芳《やまぐちますか》(外務少輔)で、これでバランスが取れています。木戸の腹心として大室政体天皇の擁立に尽力した伊藤が、大久保と抱き合う形で副使となり、使節団の目的に一役買ったのです。ここで木戸孝允は長州枠というより特別枠です。

そもそも長州國體派は、吉田松陰の高弟で大室寅之祐を長州藩に迎えて次代天皇に擁立した木戸孝允と、その信任を受けて長州藩内で寅之祐を保護した伊藤博文で、ほかにシーボルトの孫弟子で木戸の腹心となった大村益次郎がいます。井上馨も代々國體奉公衆です。

木戸孝允は、「大室寅之祐の控えとして、寅之祐にもしものことがあれば代役となる役目」と聞きますが仔細は未詳です。木戸の素姓は小栗忠順と同じく「欧州大塔宮一族の里帰り」で、國體奉公衆の長州藩の和田家に入れられたとのことですが、どう見ても日本人離れをしている風貌から納得できます。ちなみに睦奥宗光も同様です。

天保以来、國體天皇の座に在った伏見殿邦家親王は、その地位を堀川御所の孝明先帝に引き継ぎ、明治五(一八七二)年三月に東京に転居して八月五日に薨去されます。よって、同四年春の堀川御所が國體天皇引き継ぎの時期で多忙だったとすれば、岩倉使節団の派遣を國體側で計画したのは、國體参謀総長の山階宮晃親王であった可能性が高いと思われます。

副島種臣が外務卿を途中放棄した真の理由

遣欧米使節団長としての箔を付けるため、明治四（一八七一）年十月に外務卿（一等官）から右大臣に昇格した岩倉の後任となった副島種臣は、十一月に外務卿に就きます。外務卿就任当時の副島の眼前の課題は、樺太の帰属すなわちロシアとの国境問題です。

副島の統率する外務省は、「樺太全島の領有か、あるいは南北に区分して日露両国民の住み分け」を是とし、黒田清隆開拓次官（二等官）配下の開拓使は、「樺太を放棄して北海道の開拓に全力を注ぐべし」として対立します。

ところが副島は、明治六（一八七三）年十月になって突然巻き込まれた「明治六年の政変」で、外務卿を辞して下野します。樺太問題を置き去りにしたままで、それより重要度の低い西郷派遣問題と抱き合い心中した副島の行動には、理解しにくいものがあります。

それだけではありません。副島が外務卿に就任する一カ月前の明治四年十月、「宮古島漂民虐殺事件」が発生しました。台風に遭った宮古島民六十九名が台湾に漂着し、うち五十四名が生蕃に虐殺される事件です。翌同五年七月に新政府が事件を知りますが、発生地が外国でも被害者が日本人だけに、外務省は放置するわけにはいきません。

台湾事件の外交的対処に悩む副島外務卿の眼前に、折から現れて台湾の武力討伐を強く勧めた、ひとりの外人がいます。ここから始まった台湾征討が、その後の政局の核心をなすことについては前述した通りです。

副島が外務卿として関わったのは、①朝鮮国交問題、②樺太国境問題、③宮古島漂民虐殺問題です。

①の朝鮮国交は、朝貢貿易方式を取る対馬藩が、形式上では朝鮮にも服属する両属関係にありましたが、実態が日本領であることは朝鮮にも異議がなく、はじめから問題にもなりません。というより、攘夷意識を高めてサザエのように殻を閉じてしまった大院君の朝鮮政府としては、対馬の帰属問題など論ずる余裕がなかったのです。

「朝鮮国交問題のカギは宗主国の清国に在り」、と見た副島は、明治六（一八七三）年二月に宮古島民虐殺事件の処理のため、北京へ赴いた際、清国外交部とのやりとりの中で、朝鮮国交問題に関する清国の出方を窺い、「清国の関知するところに非ず」との感触を得て、朝鮮に対する外交手段の選択肢が広がったことに安心して、もっぱら台湾問題に向かいます。

②の樺太国境問題は、やがて主体が武官外交に移ります。すなわち箱館戦争の戦犯榎本武揚の出獄を待っていた黒田清隆が、開拓使に入れた榎本を海軍中将として駐露大使を兼ねさせます。明治六年十月に自ら外務卿を辞めるに至った副島には、以前からこうなるのを見遠していたフシがあり、それが謎と言えば謎です。

あとは③宮古島民の台湾事件ですが、米国アモイ総領事李仙得（ルジャンドル）という強力な援軍を得た副島は強気になり、台湾出兵の準備を進めます。台湾出兵には木戸参議からの反発があったもののほぼ円滑に進み、八重山群島を含む琉球藩の帰属確定という予期以上の成果を挙げました。この結果が容易に見通せたにもかかわらず、明治六年十月自ら外務卿を辞して廟堂《びょうどう》を去った副島の行動も、謎と言えば謎です。

これらの謎を集約したのが、副島の明治六年十月十三日の参議就任、十四日の西郷派遣への賛成発言、二十四日の参議兼外務卿の辞任です。副島も西郷と同様、「何でも知っていた」のです。大久保が閣議の前に副島を参議に入れたのは、それを知ってのうえかどうか未詳ですが、ともかく、意図的に賛否同数を示現して閣議を白熱させたのは副島です。

その心境は、「昭和三十四年六月十五日の巨人対阪神天覧野球試合の阪神・村山実投手」とだけ言っておきます。長嶋にサヨナラ本塁打を打たせた、あの村山です。

対露交渉は榎本武揚の武官外交

日露の居留民同士の乱闘騒ぎに始まった樺太問題は、副島外務卿が直面した最大の外交問題でしたが、結局は翌年からの海軍中将榎本武揚の武官外交で解決し、明治八（一八七五）年に千島樺太交換条約が締結されました。

測量方の國體参謀から幕臣となった榎本武揚は、一生を通じて樺太と縁が深かったのです。昌平坂学問所で和漢の学を学び、ジョン万次郎の私塾で英語を習った武揚は、嘉永七（一八五四）年、十九歳のとき、箱館奉行堀利熙《ほりとしひろ》の従者となって樺太探検に参加します。

このとき堀が用人として同行させたのは、榎本のほか肥前藩士島義勇《しまよしたけ》と美濃国稲葉郡黒野村の郷士郷純造《ごうじゅんぞう》および仙台藩士玉虫佐太夫《たまむしさだゆう》で、彼らが樺太探検に選ばれたのは、いずれも國體参謀だったからです。島義勇は開拓判官として、荒野のなかに碁盤目の大都市札幌市を創建したことで今も尊崇されていますが、明治七（一八七四）年に佐賀憂国党の頭首に仰がれて、政体内務卿の大久保利通の術策に嵌《はま》り、「佐賀の乱」で散りました。

郷純造は奉職した大蔵省で多数の幕臣の採用に尽力したため、大久保利通に憎まれて降格されますが、大久保の不在中に復帰し、後には大蔵次官になって男爵に叙爵されます。ちなみに郷が渋沢栄一・益田孝の登用を大隈に勧めたとされていますが、ご承知の通り、これは國體参謀の存在を知らぬ者の作り話です。

玉虫佐太夫は仙台藩士で湯島聖堂で学び塾長になり、樺太探検では書記官として『入北記』を著し、万延の小栗使節団にも加わりましたが、戊辰戦役で奥羽列藩同盟を組成して軍務局副頭取となり、敗戦後獄中で切腹しました。波動・幾何系シャーマンの証拠はありませんが、たしかな事務才能があったことはたしかです。

測量衆上がりの榎本はもとより、肥前藩士島義勇と美濃国郷士郷純造など、身分にかかわらず國體参謀を集めて樺太探検に加えたのは、老中首座の福山藩主阿部伊勢守正弘の計らいです。長崎海軍操練所を創設するなど、幕府海軍の創設に多大の寄与をした阿部は、國體大名として榎本ら幕府内外の國體参謀を樺太探検に加えさせたのです。

箱館戦争の戦犯として辰ノ口監獄に収容されていた榎本武揚は、明治五（一八七二）年一月に謹慎を条件にして出獄を赦されます。三月六日に放免された榎本を、開拓次官黒田清隆は直ちに開拓使四等出仕に登用し、開拓中判官（四等官）に就けます。同五年十月の「海軍官等表」では、四等官は海軍少将です。副島が明治六（一八七三）年十月に下野した直後の翌同七（一八七四）年一月に、榎本が海軍中将に任じ駐露全権公使を兼ねたのは、日露の国境交渉には武官外交の方が効果的との、伊藤博文の建言による人事とされています。

明治八（一八七五）年五月七日、榎本武揚はサンクトテルブルクで、ロシア帝国との間に「千島樺太交換条約」を結びますが、これまでの経緯を見ると、樺太問題に関する政府方針が「副島辞任を契機に黒田案に決した」というより、「黒田案に決定して安心した副島が西郷派遣と心中した」とみた方が合理的です。

明治五年の春にフィラデルフィアで小栗から、「欧米はわれらに任せて、貴卿はロシアに力を入れよ」と指示された岩倉が明治六年九月に帰朝し、副島と打ち合わせて樺太国境問題の方向が転換したものと思われます。当時の国際事項は國體天皇の管掌事項で、樺太放棄の方針が決まったので、副島は以後の対露交渉を快く榎本に委ねたのです。

士族反乱は戊辰戦役の〝帳尻合わせ〟

明治四（一八七一）年の廃藩置県により封建制が郡県制へ移行したのに伴い、旧武士階級は士族の称号だけを残して世襲的特権は一切なくなります。これに不平を唱える士族が各地にいて、その一部が蜂起したのが「士族反乱」で、佐賀の乱（備前）・熊本神風連《しんぷうれん》の乱（肥後）・秋月の乱（博多）・萩の乱（長州）です。

これら「士族反乱」の主体は旧幕臣や旧佐幕藩士ではなく、薩摩・長州・肥前および博多・肥後ら倒幕に加担した「勝ち組」諸藩の中で「負け組」となった士族だったことに注目すべきです。

そもそも倒幕軍の主力となった諸藩士は、維新の理念に賛同したからではなく、武家社会の通例として天下を奪い合う政権闘争と考えており、それに勝利したことで成果配分を期待したのは、武家社会の常識が「勝てば恩賞」だったからですが、討幕の結果実現した王政復古は、郡県制への移行により彼らの武士特権を剥奪したのです。

佐賀の乱を除き、士族反乱の直接のきっかけは、明治九（一八七六）年三月の「廃刀令」と同年八月の「秩禄処分《ちつろく》」すなわち「金禄公債証書発行条例」の発布とされています。

この二つは、武士の身分を示す「帯刀権」と実益たる「家禄収受権」を奪ったもので、これこそ「オホヤケの代」の象徴ですから、武士たちが維新の理念達成に喜んだかといえば、この始末です。負け組の武士はもはや観念して暴動も起こしませんが、勝ち組は維新の配当を期待していたため、騙されたと感じたのです。

これを不満とした彼らが、士族特権の回復と並べて士族救済目的の板垣流征韓論を主張したため、あたかも新政府の政策の選択肢の一つとして「征韓論」が存在したかのような国民的妄想が生じたのは、ことの経緯をろくに検証もしない史家・言論人らが西郷隆盛の征韓論を撒き散らしてきたからです。今日のネットに流れる放言を、政府の政策というようなものです。

幕臣や佐幕藩士たちは「敗け組」として郡県制移行による世襲特権の廃止を受け入れましたが、「勝ち組」となった倒幕諸藩の武士の中で新政府に迎えられず、あるいは迎合を潔しとしない諸士はそうはいきません。これが士族反乱となったのです。

大局的に見れば、戊辰戦役及び箱館戦争における幕臣の犠牲と、倒幕官軍との帳尻合わせとして発生したのが士族反乱ですが、これだけではバランスが合わないため必然的に生じたのが西南戦争（薩摩）で、これをもってどうやら帳尻が合いました。

こう考えると、「佐賀の乱」と「土佐立志社の変」は、士族反乱としては同日の談ではありません。明治六（一八七三）年十月二十四日に参議を辞した江藤新平は翌同七（一八七四）年一月十二日、副島種臣邸での「愛国公党」結成に参加し、前参議板垣・副島・後藤および前東京府知事由利公正らとともに、「民撰議院設立建白書」に署名すると、直ちに郷里佐賀に向かいます。

当時の佐賀県下はすでに士族反乱の気配が濃厚で、板垣・後藤はもとより参議に残った大隈も、今ごろ帰郷すれば、必ず大久保内務卿の術策に嵌《はま》るとして江藤の帰郷を諌止しますが、これを聴かない江藤は、海路九州に向かいます。

江藤の出京を知った大久保内務卿は、直ちに佐賀叛徒鎮圧の準備にかかります。たまたま二月一日に、封建制維持を望む「憂国党」の武士が、公金扱い業者「小野組」を襲ったとされる事件が佐賀で発生しました。

『明治史要』二月四日条に、「佐賀県士族、征韓封建等ヲ名トシ、党ヲ分ケテ嘯聚《しょうしゅ》シ（凡ソ二千五百余人）、小野商会ノ金銭ヲ掠奪ス（本月一日ニ在リ）」とあり、二月四日に鎮台兵を出して鎮定せしめたことを述べています。

ところが、この記事の後に、『明治史要』には珍しく細かい注釈があり、『陸軍省日誌』『太政官日誌』『陸軍省佐賀追討日誌』の記載の食い違いを指摘しています。つまり小野商会襲撃は、事件の主体や内容が確定していないことを、編纂者久米邦武が示唆しているのです。

久米邦武が『明治史要』に秘かに遺した偽史解明の糸口

この『明治史要』二月四日条は、編者久米邦武が後人の偽史解明のために秘かに遺した糸口と思われます。旧佐賀藩士の久米は、「憂国党員が小野商会を襲撃して金幣を掠奪した」という公式記録が、実は内務省官憲の捏造であることを後世に伝えたかったものと思います。

久米邦武の義弟（妹の夫）石井貞興《いしいさだおき》は江藤新平の腹心で、佐賀藩権大参事だった江藤に抜擢されて小参事に就いたのち、一旦農業を営みますが、佐賀県庁に復帰して大属（十等官）に就き、県政に参与します。

やがて佐賀県政を握った石井貞興は、新政府に不満を有する旧藩士を糾合し、鍋島家の資産を流用して「征韓党」を結成し、江藤新平を党首として蜂起します。「佐賀の乱」に敗れた貞興は鹿児島に逃れ、造士館留学時代の旧知桐野利秋《きりのとしあき》（中村半次郎）に匿《かくま》われますが、明治十（一八七七）年に西南戦争が起きるや西郷軍の一員として戦い、捕えられて刑死します。

佐賀征韓党の中島鼎蔵・山田平蔵が上京して江藤と副島に会い、郷党の指導を請うたので、当初は江藤と副島が佐賀へ行く予定でしたが、板垣に止められた副島が東京に残ります。

十三日に海路江戸を発った江藤が佐賀入りしたのは一月二十五・六日ころで、折から一月十四日に、岩倉具視の暗殺未遂事件が起こります。犯人は九人でいずれも、「明治六年の政変」で官庁を辞めた旧官員です。

一方、肥前七賢人の一人で、宮内省侍従（六等官）から秋田権令（五等官）に就いた島義勇は、退官していたところ憂国党の頭首に仰がれ、三条太政大臣から依頼を受けて鎮撫のために佐賀に向かい、二月十一日に長崎でたまたま江藤と出会って会談し、協力して郷土防衛に当たることを約します。

ところが、征韓党と封建制復帰を唱える憂国党とは、主義も主張も全く反対方向です。彼らを宥《なだ》めるために佐賀に行ったはずの島と江藤が、「ミイラ取りがミイラになって」擁立されたのは不自然で、まさに大久保内務卿の術策に嵌《はま》ったとみるべきです。

明治七（一八七四）年二月九日、陸軍少将野津鎮雄《のづしずお》は、「佐賀叛徒鎮撫」を拝命した大久保利通を軍事支援するため、砲兵一隊・歩兵二大隊を率いて熊本に向かいます。二月一日の小野組襲撃から始まった「佐賀の乱」に江藤が加わったのは二月十六日で、以後三月一日までの短期決戦で、死者も二百人以下ですから、今日も中東やパキスタンで起こっているゲリラ戦よりも小規模です。

ほかの士族反乱とは異なり、大久保利通が江藤新平を抹殺するために謀った政治的謀略が「佐賀の乱」で、大久保はそれを隠蔽するために、ことさら大規模を装ったと考えられます。

「佐賀の乱」の真相を語る平沼騏一郎回顧録

検事総長から大審院長、枢密院議長を経て首相になった平沼騏一郎は、その回顧録において、大久保謀殺説につき「真偽は知らぬが」としたうえで、

「江藤助命に動いた大木参議に岩倉も同調して天皇裁可により特赦が決まった。岩倉の手紙を携えた使者が佐賀に向かったが、東京で大久保の留守を預かっていた伊藤参議が使者の出立を知らせ、〝到着前に殺せ〞と大久保に伝えた。死刑執行の前に着いた使者との会見を翌日に延ばした大久保は急いで死刑を執行し、翌日会った使者に『江藤助命の手紙であれば、なぜ昨夜出さなかったか』と叱責したため、使者は切腹した。真偽はともかく、助命の使者が行ったことと、口供《こうきょう》（供述）完結前に殺したことは実際である」

としています。

佐賀の乱の発生から江藤新平の処刑までの大久保の軌跡は公式に記録され、その不自然さが際立っています。日本中で最も容易に司法情報を入手できる立場にあった平沼は、いい加減なことを言う人物ではありません。何よりもこの回顧録が、佐賀の乱の真相を物語っています。

宮本直和著『大阪偕行社附属小学校物語』には、宮中の侍従番長（五等官）高島鞆之助《たかしまとものすけ》が、明治七（一八七四）年三月に「御用ニ付キ佐賀表出張仰セ付ケラレ候コト」（『百官履歴』）とあることを、「佐賀の乱では明治天皇の意向を前線司令官に伝える、極めて重要な任務を遂行している」としてい

ます。

戦闘は三月一日をもって終わりますから、その後で「明治天皇の意向を伝える極めて重要な任務」とは何でしょうか。「前線司令官」とは誰か、「意向」とは何か。それは窺えませんが、高島侍従番長が派遣されるとは只事であるはずはなく、戦犯の処分に関する天皇の密使としか考えられません。ということは、「江藤新平と島義勇に助命の御沙汰があった」と考えられます。

大久保が江藤を抹殺するために謀った「佐賀の乱」に伊藤博文が進んで与《くみ》した理由は、欧州で謁見を賜った欧州大塔宮から台湾問題の示唆を受けた使節団首脳が台湾征討の実行策を協議した際に、伊藤は大久保の江藤謀殺の決心を察し、今後の同志として江藤でなく大久保を選択したからと推察します。

しかも「佐賀の乱」は、国事上でも重要な意味がありました。これから起こす「台湾出兵」に必要な準備をなす間、世間の目を釘付けにする対象として、「佐賀の乱」が必要だったからです。

帝国主義の最盛期にあった当時でも、道義に反する板垣流の征韓論を唱える佐賀征韓党の頭首に、合理主義者で公正な江藤が就いたのは不思議ですが、ことを政治だけで捉えていては真相が見えない場合があります。

征韓党の目的が軍港利権の確保を意味していた可能性を考えねばなりません。釜山・対馬・五島列島・長崎は鹿児島・沖縄・宮古島・石垣島・台湾・香港と連なる一筋の交易シーレーンで、折からアジア大陸の香港・上海が欧州の交易拠点になるのと対応して重要度を増してきました。

朝鮮国交を担っていた対馬府中藩は、藩領が飛び地として北九州各地にありましたが、佐賀県の鳥栖市・基山町あたりは「田代領《たじろ》」と呼ばれていました。ここは小倉と長崎を結ぶ長崎街道の要衝で、富山売薬と並んで有名な田代売薬の本拠で、今も「サロンパス」で有名な久米製薬があります。対馬府中藩は版籍奉還で厳原藩《いづはら》となり、廃藩置県で厳原県となり、明治四（一八七一）年九月に伊万里《いまり》県に編入されます。同五年五月二十九日に伊万里県を改称した佐賀県から八月十七日、対馬の管轄権が長崎県に移されます。佐賀藩は廃藩置県と交換に軍港利権を入手したと言われますが、江戸時代から長崎県と佐賀県は地域的・文化的に一体の趣があります。

國體参謀本部は長崎から佐世保にかけての一帯を海軍基地にすることを決定し、これに応じて明治五年に対馬島の管轄を佐賀県から長崎県に移したと聞きます。佐賀征韓党の背後には何があったのか。対鮮交易利権のほかに、巨大な軍港利権の争奪を感じます。

人為的な風聞「大久保は台湾派兵に追い込まれた」

「内治改良を優先するため」として、西郷の即時朝鮮派遣派（いわゆる征韓派）を一掃した大久保が、口先とは完全に矛盾する「台湾出兵」に追い込まれた事情を、伊藤痴遊《いとうちゆう》の『明治裏面史』は次のように語ります。

西郷が参議を辞して薩摩に帰ったが、西郷が上京した際に薩摩から連れてきた邏卒隊《らそつたい》は東京に残って、公安警察業務に服していた。のちの警視庁に相当するものである。

監督の坂本常光は素《もと》より西郷信者で、開拓次官黒田清隆に対し「費用と兵員が問題で征韓論を封じたのならば、我輩に許可を戴ければ邏卒隊を率いて、独力で朝鮮を征服してくるから、是非再論議して貰いたい」とねじ込んだ。

まず、西郷の訪韓を世間はどのように理解していたか、これが問題です。

西郷信者を自認する薩人坂本常光は、西郷に板垣流の征韓論を期待していて、「費用と兵員の不足」のために訪韓が延期された、と解釈しているのです。世間的にはこれが事実とされてきたのです。これは内務省が事後的に謀った人為的な風聞と思われますが、そういえば伊藤痴遊の『明治裏面史』じたいがその類いです。

黒田が「樺太問題こそ焦眉の大事で、放置は許されない。朝鮮を討つ余力があるのなら、むしろロシアと事を構えるべきである」と応えたのは、実のところ樺太問題の処理についてはすでに政府内で方針が定まっていたのに、嘘をついて坂本の鋭鋒を樺太に向けさせたのである。諸事多端な折に邏卒隊が遠征するなどはとうてい不可能で、その情勢が黒田にこの嘘を言わしめたものである。

これを怪しんだ坂本は黒田に同道を求め、二人で外務卿副島種臣に会見するが、副島は黒田の嘘に同調しなかった。

この伊藤痴遊の解説では、開拓次官黒田清隆も西郷訪韓を「朝鮮に対する武力威嚇が目的」と解釈したうえで、坂本常光に説明しています。「坂本提案の完全拒否」を胸底に抱いていた黒田が、坂本常光に、「樺太問題こそ焦眉の大事で、ロシアを朝鮮より優先せねば」と語ったのは、当然ながら政治家としてのウソなのです。政治家の発言だけを取り出しても史実を探究する史料にならない見本です。

さすがにこれを鵜呑みにしない坂本は、黒田を連れて副島前外務卿を訪ねますと、前外務卿は黒田のウソには同調しません。

副島が外務卿を辞めるまでは、副島の南北樺太折半論と黒田の樺太放棄論が対立していましたが、副島の辞任により政府案が黒田説で固まり、ロシア問題は優先する必要がなくなったことを、副島は暴露したのです。

黒田は五稜郭で戦った敵将榎本武揚を深く信頼し、明治五（一八七二）年三月に榎本が箱館戦争の戦犯から放免されると開拓使四等出仕として登用し、同六年一月に開拓中判官（四等官）に就けます。「明治六年の政変」後の同七年一月、新政府が榎本を抜擢して海軍中将（二等官）としたのは、副島外務卿の辞職により、黒田流の樺太放棄案が完全に固まり、黒田に近い榎本を駐露公使として樺太問題の交渉に当たらせるためです。

明治七（一八七四）年三月、駐露公使としてサンクトペテルブルクに赴任した榎本は、明治九（一八七六）年五月七日に千島樺太交換条約を締結します。

そこで坂本は大久保に会い、「西郷の復職か自分の朝鮮征伐のいずれかを認めよ」と迫るが、大久保は取りあわない。坂本は岩倉から、「西郷の下野は病気のためだから仕方ないが、朝鮮征討については考慮中で、近日政府方針を発表する」との言質を取り、それをメモにして岩倉に確認を求めた。このメモが台湾征伐の原因となった。

この後、征韓論の先行きを案ずる薩摩健児たちを坂本が静めて回ったのは、このメモを信じたからであるが、一向に事態は進展しない。業を煮やした坂本が大久保を詰問すると、大久保は「先日、岩倉が応えたのは征韓ではなく、征台の事だと思うが……」と言いだした。メモに征韓とあるのを見せても、「いや、これは間違いじゃ」と言いだし、「事によると台湾征伐をやるかも知れぬ」と言うので、坂本はそれなりに納得した。しかしながら、台湾征討のことも進展しない。

時期は明治六（一八七三）年の秋です。坂本から迫られた大久保は、苦しまぎれに「征韓論に関する政府方針を出す」とウソをつきます。これをメモにした坂本は、岩倉に見せて内容の確認を取ります。このメモが大久保を縛って台湾派兵を決行させた、というのが、講釈師（コメンテーター）の解説です。

しかしその解釈は誤りで、朝鮮派兵を迫る坂本に、岩倉が「事によると台湾征伐をやる」と漏らしたのは、不用意な放言を言質に取られて追い込まれたのではなく、ひた隠しにしていた台湾派兵計画を苦しまぎれにリークしたのです。

西郷が唯一の主君と仰ぐ島津斉彬は、天下普請で破綻した藩財政を國體天皇から救われたことで無二の國體大名となり、腹心の西郷に「堀川政略」のあらましを伝えていたのです。西郷は斉彬から薫陶を受けていたため、戊辰戦争が慶喜の謀《はか》った片八百長であることにやがて気がつき、その帳尻合わせをする決心をしたものと考えられます。

故郷の鰻《うなぎ》温泉で療養していた西郷が、坂本ら西郷信者にも心境を明かさず、自分を板垣流征韓論者と信じる薩摩健児たちをあえて鎮めなかったのは、彼らの暴発に一身を委ねて戊辰戦争の帳尻合わせをする覚悟をすでに決めていたから、と推量されます。

●――「台湾征伐は大久保が主導した」と宣う政治講釈師《コメンテーター》

続きです。

大久保は〔明治〕六年二月から副島外務卿を清国に派遣したが、談判は要領を得ず七月に空しく帰ってきた。清国政府は福建省附属の行政機関として台湾府を置いていた台湾島を「化外の地」と説明したが、これは台湾を、清国の実効支配の及ばない無主の地と宣言したに等しい。

西郷派と長州人に挟撃されて苦しい国政運営のなかで、大久保はしだいに台湾征討の腹を固めていた。歳末、坂本は再び大久保を訪ねるが、大久保は「その時機には沙汰をするから待て」としか言わない。

七年三月になっても大久保が確答しないから坂本は決心し、薩摩から連れてきた三百数名の邏卒を率いて、政府に辞表を出した。大久保はじめ、黒田や西郷従道が宥めても聞かず、薩摩へ引き揚げてしまい、ために市中に邏卒の姿が消えた。

政治家のウソは職業上の天下御免ですが、政治講釈師（コメンテーター）のウソは無益で無意味です。

まず大久保は、明治六（一八七三）年二月には使節団副使として欧州にいますし、明治四（一八七一）年十月以来の外務卿の副島を勝手に任免できるほどの地位でもありません。だいいち台湾征討の首謀者は大久保ではなく、ルジャンドルと副島なのです。それを知らないで大久保を過大視した伊藤痴遊は、自身が大久保の発信役だったことがばれています。

台湾征討を決意した大久保が閣議に諮ると、参議木戸孝允が「朝鮮出兵を否定しながら台湾征伐するのは矛盾ではないか」と非難するなど、政府部内でも反対が強まった。長州の第二級高官すなわち山田顕義・鳥尾小彌太・三浦梧楼などが木戸を支援して動き回る。ここにおいて征台論は、前年の征韓論とまったく同じで薩長間の政争となった。

すると陸奥宗光ら野心家が機会に乗じて薩長の離間を図り、木戸を煽り立てたので、木戸は七年五月に参議兼内務卿を辞職する。

代わって内務卿に就いた大久保は、木戸の反対を無視し、〔明治〕七年四月に西郷従道を陸軍中将に任じ、台湾蕃地事務都督（征討軍司令官）に補した。西郷従道は樺山資紀を従えて長崎に至り、出帆の準備をした。薩摩に帰っていた坂本は同志を集め、義勇兵を組織して都督西郷従道の部下になった。木戸の辞職により政府部内で紛争が起こり、台湾征討を機会に一大騒乱に発展する虞が生じたので、大久保は五月三日、計画の延期を伝えるため長崎に行くが、西郷はその前に独断でさっさと出航していた。

尤《もつと》もこれには、予め大久保との間に密約があったとの説がある。

明治五（一八七二）年の秋に来日したルジャンドルと会った副島外務卿が、台湾出兵の準備にかかったのは翌同六年の春ころですから、同年七月に帰朝した木戸の耳に入らぬはずもなく、翌同七年四月まで木戸が一言も言わなかったのは台湾出兵を黙認していたわけです。

ゆえに出兵の土壇場へ来て木戸が反対の声を挙げたのを、本心からの政治的主張とみてはならないのです。四月十八日になって木戸は参議兼内務卿を投げ出しますが、この内務卿は「佐賀の乱」で現地へ向かった大久保から預かっていた職です。

江藤追討を念頭に置いた大久保は、内務省を設けて自分が内務卿に就きますが、江藤抹殺の陣頭指揮のために現地入りした明治七（一八七四）年二月から四月までの間、表向きは内務卿を辞して木戸に預けたのです。

江藤が成敗されたので内務卿を大久保に返した木戸が、そのついでに参議をも辞めた意図はいかようにもとれます。

つまり、使節団首脳として大久保と台湾派兵を共謀していた木戸が、土壇場になって反対を唱えたのは、大久保との共謀を隠蔽するパフォーマンスとみると、参議兼内務卿兼文部卿の辞任も、大久保との内務卿の貸し借りを隠蔽するアリバイ作りとも思えます。

欧州大塔宮の勧告が奏効しての「日本領・先島諸島」

台湾征討軍の第一陣は明治七（一八七四）年五月七日に早くも上陸し、西郷従道都督も二十二日に上陸します。以後、総勢三千六百名の兵員が、悪天候と風土病に悩まされながら原住民を制圧しました。

明治八（一八七五）年八月、清国に乗り込んだ大久保は、談判の結果として清国から償金五十万両を得ますが、うち十万両は被害弁償金で被害者の遺族に与えました。残り四十万両が軍事賠償金ですが、日本側の全戦費の一割にも足りません。

大久保は「化外の民たる生蕃の行為について、清国政府が責任を認めたことに満足した日本政府は、軍費を清国に負担させることを是とせず、この金は返還する」という理由で四十万両を清国に返還して、各国外交官の賞賛を得ました。

このときの条約によって日清両国は琉球を日本国の領土とし、台湾を清国の領土として認めることとなり、明治十二（一八七九）年の「琉球処分」への道筋ができました。

廃藩置県の結果、鹿児島県に藩属していた琉球国は、明治五（一八七五）年に、琉球王尚泰《しょうたい》に藩王として華族に列する詔勅が下されて日本帝国に藩属することになります。台湾派兵ののち、明治八年に内務大丞松田道之（旧鳥取藩士）が琉球へ出張し、清国への冊封《さくほう》禁止を命じます。対清交易を命綱と考えていた琉球藩は冊封の継続を望み、禁止命令の撤回を請願します。明治十二（一八七九）年に至り、松田は警官と軍隊を合わせた実力行使により、ついに廃藩置県を敢行しました。

これに反発した清国との間が緊張したので、明治十三（一八八〇）年、日本政府は沖縄本島を日本領とし、先島《さきしま》列島（宮古・八重山・尖閣）を清国領とする先島諸島割譲を提案しますが、清国の重臣李鴻章は、冊封国琉球の再興を望むため先島諸島の割譲案には応じなかったので、琉球の帰属が棚上げのまま日清戦争（明治二十七〜二十八＝一八九四〜五年）に至りました。琉球領有問題は、日清戦争後の下関条約で、清国が台湾を日本に割譲したときに最終的に解決したのです。

右の経緯をみると、琉球の両属問題を実質的に解決したのは、明治七年の台湾派兵により宮古島民を日本国民と認めさせたことです。これにより、清国は琉球藩民を日本国民と認めますが、それでもなお弱気の新政府は、琉球の日本専属と交換に先島列島の提供を申し出て朝貢復元を望む李鴻章に拒否され、おかげで先島列島は今も日本領です。

明治六（一八七三）年の年頭に欧州某国で岩倉使節団首脳を引見された欧州大塔宮が、岩倉・木戸・大久保らに、使節団がまだ詳しく知らない宮古島民の殉難を伝え、「開国した日本にとって琉球国の日清両属は最大の問題である。このまま放置すれば有史以来の國體を損なうことになろう」と諭し、これを奇貨として台湾を征討すべきことを勧告したものと推量されます。

その席上で朝鮮との国交問題も話題になった可能性も高く、使節団首脳は、台湾問題を優先するために、最終的には清国との交渉になる朝鮮問題を後回しにすることで一致したと見れば、筋が通ります。それにしてもあのとき欧州大塔宮が使節団に勧告してくれなかったなら、万年弱気の日本外交の下で、沖縄と先島は今ごろどうなっていたでしょうか。

「冷厳」と「情愛」を止揚した聖者・大西郷

壮兵（士族兵）で構成した御親兵の兵威を背景に廃藩置県を済ませると、その後の軍制問題は皮肉なことに徴兵論に移る筋合で、徴兵制反対の薩摩勢をいかに説得するかに絞られてきます。

一君万民の「オホヤケの代」に移行する過程で、必然的に生じる士族廃止の事態に対処するため薩摩藩は、幕末期の早いうちから他藩の士族株を買い、あり余る士籍を分散していました。しかし、それでも郡県制移行後の士族のリストラは避けて通れず、根本的に解決するには西南戦争を待つほかなかったのです。

それを承知の上で、山縣有朋に小西郷（弟の従道）を付けて募兵制の帝国陸軍を作らせた大西郷は、リストラの対象となった薩摩健児たちと命運を共にする決心を固めて単身薩摩に帰り、自分を慕う村田新八郎・桐野利秋ら腹心と西南戦争を起こし、〝予定〟どおり城山の露と消えます。

西南戦役については、世上余りにも多くの著書が出ているので、詳細に立ち入らない方針の本稿は、あえて一言だけ申し上げます。

外形的には叛乱軍の将の敗戦落魄《らくはく》の姿ですが、大西郷の最期に悲惨な印象が全くないのは、その志操の比類なき高さのためです。

つまり大西郷は、夢破れて滅びたのではなく、①四民平等の「オホヤケの代」実現のために自分を慕う薩摩農士のリストラを敢行し、②自らも進んでその群れに投じて栄誉と生命を一挙に捨てたのです。このどちらか一つだけでも通常の偉人ですが、冷厳と熱情の二つを同時に行った人は、世界史でもごく稀ではないでしょうか。

情においては到底できないことを、己の生命と引き換えに敢行する、これが日本独特の任侠の神髄なのです。

西郷の辞任と帰郷を、「征韓論で敗れた西郷が……」と謳うのは古来史談の常套ですが、真相は、喫緊の問題とはいえない朝鮮使節派遣を延期されただけのことで、大西郷ほどの者が失望落胆して自分を慕う大勢の子弟を巻き添えにするはずもありません。

つまり、西南戦争は大西郷が仕組んだ八百長戦争です。

八百長は敗者がプログラムしますから、結果を見通しているのもまた敗者です。八百長戦争ということは、幕臣をリストラするために徳川慶喜と勝海舟・榎本武揚がプログラムした戊辰役・箱館戦争とまさに同類です。

西南の役は一連の士族反乱の締めくくりとなりました。士族反乱を発生順に並べれば、明治七年の「佐賀の乱」、同九年の「熊本神風連の乱」、同年の「秋月の乱」「萩の乱」、同十年の「西南戦役」です。旧大名家では肥前鍋島・肥後細川・筑前黒田・長州毛利・薩摩島津で、いずれも戊辰役では官軍側で、ことに新政府の中核をなした薩長土肥の四藩のうち土佐を除いてすべて入っています。新政府の高官では肥前の江藤新平・島義勇、長州の前原一誠、薩摩の西郷隆盛・桐野利秋・篠原国幹・村田新八・大山綱良らが反乱軍の将となって犠牲になりました。

士族反乱は土佐でも秘かに準備されていて、明治十（一八七七）年に「立志社の獄」が発生したものの、戦争に至らなかったため、「役」ではなくて「獄」で済みました。犠牲も死罪はなく入獄に留まり、林有三（禁錮十年）・大江卓（禁錮十年）・片岡健吉（禁錮百日）のほか、加担した紀州藩の陸奥宗光（禁錮五年）も下獄しました。

土佐が「立志社の獄」だけで済んだのは、さんざん世話になった土佐人の士族反乱の被害を最小に食い止めるために、陸奥が事前にリークしたものとの推察は、今のところ単なる〝勘〟に過ぎません。

しかしながら、陸奥の罪状と処罰、及び監獄における特別待遇には極めて多くの疑問点があります。酒田監獄では、古河市兵衛が獄前に陸奥支援のための出張所を設けて三食を差し入れていますし、仙台では監獄外の武家屋敷を陸奥用の特別監獄として副官一名と女性看守一名を付け、後者に陸奥は子供を産ませています（既刊『京都ウラ天皇と薩長新政府の暗闘』参照）。

西郷が〝戊辰の借り〟を清算した西南戦争

勝海舟と肝胆相照らしていた西郷隆盛は、戊辰・箱館の戦役が鎮定された頃になってようやく、勝海舟を通じて慶喜の腹中を洞察したと思われます。だからといって、「オホヤケの代」の実現のために、自分を含めて配下たちの既得利権の一切を擲《なげう》つことは、尋常の政治家のできることではありません。

世に大政奉還と言いながら、慶喜が幕政を奉還しただけで、諸大名は依然として藩主で版籍を奉還せず、戊辰役の官軍大名に至っては戦功により薩長両藩主は十万石ずつ、土佐は四万石、肥前は二万石の賞典禄を賜ったのです。自分も二千石を受けた西郷は、戊辰役が八百長戦争と覚ったとき、「慶喜に一本取られた!」と呻《うめ》いたと推察します。

戊辰役は、薩摩藩の西郷隆盛が幕府および佐幕勢力を徴発するために凝らした陰謀が見事に成功したものとされています。渋沢栄一『徳川慶喜公伝』には、「是より先、西郷吉之助は倒幕の名なきに苦しみ、百方徳川家を激せしめんと謀り、浪人を関東の各地に放ちて事端を滋《ま》さしめ、開戦の暁には東西相応じて、敵を奔命に疲労らしめんと考へたり」とあります。

幕府軍との戦争を予期していた西郷は、益満休之助《ますみつきゅうのすけ》に命じて公然と浪人を募集させ、薩摩藩主の名をもって「天璋院様御守衛のために諸浪人を召し抱える」と幕府に届けさせますが、老中たちには何ともできません。

薩摩御雇い浪人たちが江戸市中であらゆる略奪行為を行ったので、新徴組《しんちょうぐみ》を預かっていた出羽庄内藩主酒井左衛門尉忠督がどうにも取り締まりきれず、苦労する折から、十二月二十三日に江戸城の二の丸が炎上します。薩摩藩から入った天璋院付の奥女中の放火と疑われましたが、『帝大史談会速記録』では薩摩藩士市来四郎《いちきしろう》が、同藩士伊牟田尚平《いむたしょうへい》の所業と証言しています。

西南戦争・城山合戦の図

政府軍各旅団の指揮官たち

エドアルド・キヨッソーネ画の西郷隆盛。顔の上半分は弟の従道を、下半分は従兄弟の大山巌に似せて描いたとされる

薩摩藩御雇い浪人の狼藉はいよいよ盛んで、関東各地で騒擾《そうじょう》を起こしたばかりか、ついに酒井左衛門尉の屯所に発砲し詰合を殺傷したので、憤激した酒井忠篤はついに十二月二十五日払暁をもって、三田の薩摩藩邸を焼き討ちするに至ります。

この事件の一報が大坂城の幕府首脳にもたらされると、幕軍と薩摩藩軍が江戸において交戦状態に入ったと解釈されます。

大政奉還で幕府が消滅したのちも、前内大臣徳川慶喜は家臣たちにあくまでも隠忍自重を保つように命じていましたが、西郷隆盛が仕掛けた「キッツキの計」が、ついに成功したのです。

この間、慶喜は大坂で隠忍自重をキープしていましたが、後年に慶喜の名の討伐命令の書簡が出てきたので、渋沢が慶喜に伺ったところ、「伊賀（老中板倉勝静）は最後まで、『穏便の処置すべし』といへる説なりしが、余には知らせずかかる書を発したるか、または中間の仮託にやあらん」と答えました。慶喜の内命に従い、「穏便に処置します」と最後まで慶喜に言上していた板倉勝静が内緒で薩摩討伐令を出していた可能性がありますが、渋沢は「思うに主戦論者なる豊前守（小栗忠順）の所為なるべし」と推定しています。戊辰役のきっかけを作ったのは小栗だった、というのです。

これだけの悪辣な西郷の仕掛けも、兵法としては当然ですから、その成功を讃えられて藩士では最大の賞典禄を与えられた西郷に恥ずべき点はありません。しかし戊辰役の真相が、慶喜が企画した八百長戦争と知った西郷は自分の為すべきことを覚り、かつての幕府と同じく士族問題を抱えている薩摩藩に戻って、戊辰役の帳尻を合わせてやろう、と決心したのです。

書簡・談話史料の部分だけで全体を判断してはいけない

田舎に住む私は、ここでは喩え話をなるべく控えております。

なぜなら、ディベート慣れしていない素朴な人士は「喩え話」と本論の区別がつかないため、喩え話にひたすら拘《こだわ》り、焦点を喩え話に移して揚げ足を取ろうとしてくるからです。

西郷の本心を、本人の書簡などから「征韓論者」と断定してきたのが従来の通説ですが、書簡と か談話には、本論を補強するために「比喩」や「仮定」を並べることが多く、これらを部分的に切り取って真意とみてはなりません。

つい最近のことに、任意で紛争地帯に侵入してテロリストの捕虜になったGについて、安倍総理が「何よりも人命を優先する」と発言したのを聞いて、「カネよりもGの命を優先する意味だから、政府は身代金を出す」と判断した人が私の周囲に結構いました。この言を純論理的に解釈すれば、たしかに「日本国家の権威よりも、節義道徳よりも、その他の何よりもGの救命が優先」ということになります。しかし、この文脈上では、「何よりも」は「慣用句」です。

「救出のためにあらゆる努力をする」と言いながら結局救出できなかったとして野党議員とコメンテーターは安倍総理を非難していました。私が嫌いではない古賀茂明さんも、「日本人に危険が迫っていることを知りながら中東に行き、エジプトでのスピーチをしたとすれば、安倍総理が本当に人命を最優先で考えていたのか怪しい」と批判しましたが、これはいくら古賀さんでも肯けない無茶な難癖です。「中東に行き、エジプトでスピーチをした」ことじたいの是非はさておき、安倍さんは日本国首相として、国策上から「エジプトでスピーチ」したわけです。

それを聞いたテロリストがGを拘束中のGを殺害したのは、テロリストの勝手な行為で、これを安倍発言の責に帰すのはおかしな論理です。古賀さんの論にしたがえば、Gの軽率な行為により、安倍総理は国策の遂行を控えねばならないことになります。

古賀さんは「屈しない姿勢を（安倍総理が）アメリカに認めてもらいたかったのではないか」と評しますが、ここでの問題は、そもそも「Gに対するテロリストの殺害意欲を消極的に抑止する」必要が安倍総理にあり、そのために「エジプトでのスピーチ」を止める必要があるかどうか、ということです。私見は、安倍総理はGのことなど無視してよいと思います。

古賀さんが、「安倍総理が本当に人命を最優先で考えていたのか怪しい」と言ったのは、部分論理ではその通りですが、安倍さんの用いた例文（慣用句）と実際の行動との矛盾を指摘して、揚げ足を取っただけですから、全体的に見ればナンセンスです。

ところが、さらに呆れたことに、当時の報道番組は、Gを現地に案内したガイドを登場させて、「Gさんは最後まで日本政府が救ってくれると信じていた」と言わせています。Gの殺害前には、「Gさんは、すべては自分の個人責任と言って現地に入っていった」と報道していたので、その英雄心に感じた私は、正直を言うと、ガッカリしました。

何を根拠に政府からの救援を期待したのか解りませんが、マスコミから「生きて帰れば天下の英雄、死ねば政府攻撃のネタ」と扱われるのでは、Gは救われない気がします。

西郷の板垣宛書簡の後半は「反語」

政治家の談話や書簡には比喩や反語が多く、その部分だけを取り出しては判断を誤ります。「反語」の一種に、「本旨を強調するために、あえて本旨とは反対のことを述べること」があり、揶揄・皮肉を目的として用いられます。話者が、この意味での反語を意図しているのか、それとも真意で言っているのかは、文脈によります。

明治六（一八七三）年七月二十九日付で板垣参議に宛てた西郷の書簡は、「外交交渉に当たって出兵を先行させれば、先方は撤兵を要求するが、それを当方が拒否すれば戦争になり、最初の趣意に違うこととなる」と述べ、ゆえに「出兵よりも使節派遣が先である」と説いています。

歴史学者・毛利敏彦がこれを重視して、西郷が征韓論者でなかったことを主張するのは肯綮に当たります。

さらに毛利説は、その書簡の後半に、「使節を派遣すれば必ず朝鮮側から暴挙を仕掛けてくるから、出兵の名分になる」としたうえで、「副島君の如き立派の使節はでき申さず候えども、死する位のことは相調《あいととの》い申すべきかと存じ候」と付言したのも、重大な発言と指摘しています。

この書簡全体の文脈を見ると、西郷が板垣に「閣議で俺《おい》の使節派遣に賛成してたもんせ」と依頼するものですから、真意は前半にあり、「使節派遣が出兵より先行すべきである」というのが本旨で、基底には、「礼節を保つ使節が暴行なぞ受けることなく、交渉は必ず成功する」との想定があります。よって後半は、出兵論者の板垣を懐柔しながら賛成に誘導するための反語です。つまり、「必ず暴挙を仕掛けてくる」というのは予測ではなく英文法でいう仮定法です。

「仮に暴挙を仕掛けてくるとしても、そいを名分に出兵できるやごわはんか！」というのは、基本的想定の逆の場合を挙げながら、「たといその場合でも貴殿にとって不都合はない」との論理で、自説への賛成を勧誘しているのです。あり得ないケースを持ち出して、「たといそのような場合でも心配はない」と念を押すのは反語という修辞法です。

最後の「副島君云々」は、先日北京で清国皇帝に対する「跪拝《きはい》の礼」を要求された副島が、国際儀礼に反するとして立礼を押し通し国威発揚として讃えられたことを指しています。

直訳すれば、「あんな立派な使節ぶりは見せられずとも、せめて殺されることで板垣君のお役に立つことくらいはでき申《も》っそ」という意味ですが、これも反語です。基本的想定とは逆の「死」を持ち出して「死んだら死んだで、貴君のお役に立つよ」と、反論を封じただけで、修辞法としても珍しくはありません。

西郷には、死地に赴く壮士のごとき悲壮感は全くなく、だからこそ、板垣にこの書簡を出したのです。

終わりに

本著が冒頭から「國體」を論じたのは、次巻からいよいよ國體天皇として登場される堀川殿睦仁親王とその王子堀川辰吉郎を論ずる前に、是非これを明らかにする必要があったからです。

さて、最近、京都で三百年続く有名な旅館「俵屋」の特集を、NHKが放映していたそうですが、経営者佐藤年《とし》さんは佐藤甚兵衛の一族と聞きます。以前には佐藤寛子『宰相夫人秘録』にしか出てこなかった佐藤甚兵衛のことが、「落合秘史シリーズ」によってようやく世間に知られ、近頃は大手メディアが秘かに調べているそうです。

白河天皇（一〇五三〜一一二九）が一〇八六年に退位して始めた院政は、白河・鳥羽・後白河の三上皇が敷いて國體上皇になり、のちに伏見殿貞成《さだふさ》親王から始まる國體天皇の原型となりますが、鳥羽天皇の北面《ほくめん》の武士で紀伊国那賀郡田仲荘の預所《あずかりどころ》だった佐藤左兵衛尉義清《のりきよ》（一一一八〜一一九〇）が西行法師となって全国を巡回し、國體上皇のために作った山林管理者のネットワークが各地の「佐藤甚兵衛」なのです。

つまり、國體天皇の勢力が依存する経済的基盤の主柱だった甚兵衛ネットワークが今まで表面化しなかったことは、それだけ國體天皇のことが表面しなかった事実を意味しているのです。というよりも、従来の歴史学者が佐藤甚兵衛のことを全く無視してきたのは、単に甚兵衛を知らなかったわけですから、当然ながら國體天皇のことも知らなかったわけです。國體を知らずに論じてきた従来の日本史学が立脚する史観を、一体何と呼ぶべきでしょうか。

本著で述べたように、國體と政体はまさに南北朝に対応します。國體の淵源は「欠史八代」とされる王朝の海人皇統です。その第九代開化天皇から皇統を譲られた騎馬系ミマキイリヒコ・イニエが政体天皇となって崇神王朝を始めます。これが神話の「国譲り」なのです。「欠史八代」の海人皇統は、第五代孝昭天皇から出た春日・和邇氏が崇神皇統の対婚部族（外戚）となります。また、開化の皇子彦坐王（ヒコイマス）の子孫が各地の国造となって、地方自治を支えます。海人皇統は外戚と地方首長となって、政体天皇を支えたのです。

本書で書き遺したというか、書けなかったことがあります。

それは出羽庄内藩が、藩主酒井左衛門尉忠篤以下、藩士七十余名が明治三（一八七〇）年に薩摩藩に移り住み、西郷隆盛に学んだことです。これは戊辰戦争における庄内藩への寛大な処置に対する感謝と、西郷の思想に強く共鳴するものがあったから、とされていますが、そのまま鵜呑みに出来るのでしょうか。

何しろ、本書に述べたように大政奉還後、江戸市中取締に任じていた庄内藩を暴発せしめようとして江戸市中で押し込み強盗など狼藉の限りを尽くさせた西郷は、江戸城西の丸に放火させ、挙げ句の果ては庄内藩邸に発砲して堪忍袋の緒を切らせて薩摩藩邸を焼き討ちします。これが上方に伝わり、戊辰役が勃発しました。

戊辰役が八百長戦争たる以上、庄内藩邸襲撃も、薩摩藩邸焼き討ちも八百長の一環ですから、つまりは西郷隆盛と酒井左衛門尉の間で談合が出来ていたと考えられます。これが、戊辰役の西郷の庄内藩に対する寛大な処分と明治三（一八七〇）年の庄内藩の藩主ぐるみの薩摩移住につながることは察しがつきますから、できれば、本書でこれを解き明かしたいと考えていましたが、ご覧のように、いわゆる征韓論と台湾征討の探究に紙数を要した一方、荘内藩の集団薩摩移住の実情が掴めなかったため、積み残しとなりました。

さて、明治十（一八七七）年の西南戦争で維新期を脱した日本は、いよいよ近代日本となり、明治時代が本格的に始まります。次巻は、国内では「明治十四年の政変」と自由民権運動あたりから始まるはずです。

それよりも私が苦心するのは、明治十三（一八八〇）年に堀川御所で誕生された國體天皇堀川殿の嫡男のことです。堀川辰吉郎その人で立場上情報が偏っているため、裏付けが取れないことばかりで悩んでいます。

また、明治十年に箱根で薨去とされる和宮親子《かずのみやちかこ》内親王と、その配偶で大坂城に入らずに姿を消した徳川家茂のこともまだ史料に恵まれていないので、悩んでいます。しかし、このようなときに必ず助け船が現れるのが今までの経験です。

〔了〕

◉著者について
落合莞爾（おちあい かんじ）
1941年、和歌山市生まれ。東京大学法学部卒業後、住友軽金属を経て経済企画庁調査局へ出向、住宅経済と社会資本の分析に従事し、1968〜69年の『経済白書』の作成に携わる。その後、中途入社第１号として野村證券に入社、商法および証券取引法に精通し、日本初のＭ＆Ａを実現する。1978年に落合莞爾事務所を設立後は経営・投資コンサルタント、証券・金融評論家として活躍。日本および世界の金融経済の裏のウラを熟知する人物として斯界では著名な存在である。著書に『先物経済がわかれば本当の経済が見える』（かんき出版）、『天才画家「佐伯祐三」真贋事件の真実』（時事通信社）、『教科書では学べない超経済学』（太陽企画出版）、『平成日本の幕末現象』『平成大暴落の真相』『ドキュメント真贋』（いずれも東興書院）、『金融ワンワールド』、「落合秘史シリーズ」として『明治維新の極秘計画』『南北朝こそ日本の機密』『国際ウラ天皇と数理系シャーマン』『奇兵隊天皇と長州卒族の明治維新』『京都ウラ天皇と薩長維新政府の暗闘』『欧州王家となった南朝皇統』（いずれも成甲書房）がある。

日本教《にほんきょう》の聖者《せいじゃ》・西郷隆盛《さいごうたかもり》と天皇制社会主義《てんのうせいしゃかいしゅぎ》

版籍奉還《はんせきほうかん》から満鮮経略《まんせんけいりゃく》への道《みち》

落合秘史《おちあいひし》［6］

◉著者
落合莞爾《おちあいかんじ》

◉発行日
初版第1刷　2015年 5月30日

◉発行者
田中亮介

◉発行所
株式会社 成甲書房

郵便番号101-0051
東京都千代田区神田神保町1-42
振替00160-9-85784
電話 03(3295)1687
E-MAIL mail@seikoshobo.co.jp
URL http://www.seikoshobo.co.jp

◉印刷・製本
株式会社 シナノ

Printed in Japan, 2015
ISBN978-4-88086-327-6